AF345302

Adiumentum Memoriae Manuale, Seu Tabulae Succinctae Historico-chronologico-genealogicae

You are holding a reproduction of an original work that is in the public domain in the United States of America, and possibly other countries.You may freely copy and distribute this work as no entity (individual or corporate) has a copyright on the body of the work.This book may contain prior copyright references, and library stamps (as most of these works were scanned from library copies).These have been scanned and retained as part of the historical artifact.

This book may have occasional imperfections such as missing or blurred pages, poor pictures, errant marks, etc. that were either part of the original artifact, or were introduced by the scanning process. We believe this work is culturally important, and despite the imperfections, have elected to bring it back into print as part of our continuing commitment to the preservation of printed works worldwide. We appreciate your understanding of the imperfections in the preservation process, and hope you enjoy this valuable book.

ex libris

ADJUMENTUM MEMORIÆ MANUALE,

SEU

TABULÆ SUCCINCTÆ HISTORICO- CHRONOLOGICO- GENEALOGICÆ.

a. q. Maximiliano Hell J. J.

EDITIO QUARTA EMENDATIOR ET AUCTIOR.

CUM APPROBATIONE S. FACULTATIS.

BIBLIOTHÈQUE S
Les Fontaines
60 - CHANTILLY

INGOLSTADII,

Typis Mariæ Ann. Schleigin,
Typog. Academ. Viduæ 1760.
Proſtat apud Eandem.

PRÆFATIO AD LECTOREM.

Libellus, quem cernis, Lector Benevole! ter jam, semper tamen auctior prælo exierat; cum in
noftris etiam partibus videri demum cœpit. Primus mox illius con-
fpectus ita plurimorum animos ra-
puit, ut non modo rem literariam
ejus Autori plurimum debere gra-
ti profiterentur, fed etiam tanquam
de thefauro ditiffimo, in quo col-
lecta fimul invenirentur, quæ in
multis alias Scriptoribus non fine
magno temporis impendio conqui-
renda effent, fibi gratularentur, &
calentiffimis votis eundem expete-
rent. Verum cum locorum diftan-
tia illius copiam raram, pretium
vero jufto majus redderet, non
modo difcentium utilitati, fed &
eruditorum commoditati nos quam
optime confulturos fperabamus, fi
hujus Opufculi novis typis evul-
gandi laborem in nos fufciperemus.
Datum executioni confilium iis,
quæ aut fecum aut cum veritate

 pu-

pugnabant, emendatis, aliis ad hunc usque, quo ista scribimus, 1760. annum continuatis, aliis denique, quæ ad sacram profanamque eruditionem non parum collatura videbantur, de novo additis.

Titulum libelli, ordinemque rerum pene eundem cum priore retinuimus, ducto ab Historia Sacra initio, reliquis, quæ pro notitia Historiæ profanæ serviunt, in alteram quasi partem congestis.

Ne porro fusiore repetitaque materiarum enumeratione opus esset, Indicem rerum, ordine alphabetico digestum, in ipsa Opusculi fronte collocavimus, ex quo, unico veluti obtutu, Lectori manifestum fiat, quid totus libellus tractet, & quo ordine.

Atque hæc sunt, quæ præfari libuit. Tu, Lector Benevole! conatum hunc nostrum boni consule; errores, si quos deprehenderis, pro tua humanitate corrige, & libello hoc ad majorem DEI gloriam utere.

Index.

Index Rerum.

He-

Index

Index

Marchiones Baruthobonens desunt

TABULA XXIIrum
PRIMORUM
PATRIARCHARUM.

	Annus Mundi	
	Natus est.	Mortuus est.
ADam - - - -		930
Seth - - - -	130	1042
Enos - - - -	235	1140
Caïnan Senior - -	325	1235
Malaleel - - -	395	1290
Jared - - - -	460	1422
Enoch - - -	622	
Mathusalem - - -	687	1656
Lamech - - - -	874	1651
Noë - - - -	1056	2006
Sem - - - -	1558	2158
Arphaxad - - -	1658	1996
Sale - - - -	1693	2125
Heber - - -	1723	2187
Phaleg - - - -	1757	1996
Rehu - - - -	1787	2026
Sarug - - - -	1819	2049
Nachor - - -	1849	1997
Thare - - - -	1878	2083
Abraham - - -	2008	2183
Isaac - - - -	2108	2288
Jacob - - - -	2168	2315

PAPÆ AT
&
ANTI-PAPÆ.

Juxta feriem temporis,
quo ex mente Franc. Pagii
federe cœperūt.

	Anno *Ære vulg.*
S. Petrus Galilæus	-
Electi a Clero & Populo.	
S. Linus Tufcus	65
S. Clemens Romanus.	67
S. Cletus Romanus	77
S. Anacletus Athenienfis	85
S. Evariftus Græcus	95
S. Alexander I. Romanus	108
S. Sixtus I. Romanus	116
S. Telesphorus Græcus	126
S. Hyginus Athenienfis	137
S. Pius I. Aquilejenfis	141
S. Anicetus Syrus	151
S. Soter Fundanus	161
S. Eleutherus Græcus	170
S. Victor I. Afer	185
S. Zephyrinus Romanus	197
S. Calliftus I. Romanus	217

S. Ur-

	Anno *Æræ vulg.*
S. Urbanus I. Romanus	222
S. Pontianus Romanus	230
S. Anterus Græcus	235
S. Fabianus Romanus	236
S. Cornelius Romanus	251
Novatianus Antip.	252
S. Lucius I. Romanus	252
S. Stephanus I. Romanus	253
S. Sixtus II. Græcus	257
S. Dionysius Græcus	259
S. Felix I. Romanus	269
S. Eutychianus Tuscus	275
S. Cajus Dalmata	283
S. Marcellinus Romanus	296
S. Marcellus I. Romanus	308
S. Eusebius Græcus	310
S. Melchiades Afer	310
S. Silvester I. Romanus	314
S. Marcus Romanus	336
S. Julius I. Romanus	337
S. Liberius Romanus	352
S. Felix II. Romanus	355
S. Damasus Hispanus	366
Ursicinus Antip.	366
S. Siricius Romanus	384

S. An-

	Anno Æræ vulg.
S. Anaſtaſius I. Romanus	398
S. Innocentius I. Albanus	401
S. Zoſimus Græcus -	417
S. Bonifacius I. Romanus	418
Eulalius Antip. -	418
S. Cœleſtinus I. Campanus	422
S. Sixtus III. Romanus -	432
S. Leo I. Magnus Tuſcus	440
S. Hilarius Sardus -	461
S. Simplicius Tiburtinus	468

Poſiti à Regibus Uſurpatoribus.

S. Felix III. Romanus -	483
S. Gelaſius I. Afer -	492
S. Anaſtaſius II. Romanus	496
S. Symmachus Sardus -	498
Laurentius Antip. -	498
S. Hormisdas Campanus -	514
S. Joannes I. Tuſcus -	523
S. Felix IV. Samnita -	526
S. Bonifacius II. Romanus	530
Dioſcorus Antip. -	530
Joannes II. Romanus	532
S. Agapetus I. Romanus	535
S. Silverius Campanus	536

Vi-

	Anno *Æræ vulg,*
Vigilius Romanus	537
Pelagius I. Romanus	555
Joannes III. Romanus	560
Benedictus I. Romanus	574
Pelagius II. Romanus	578
S. Gregorius Magnus Romanus quartus Ecclesiæ Doctor	590
Sabinianus Tuscus	604
Bonifacius III. Romanus	607
S. Bonifacius IV. Valerianus	608
S. Deusdedit Romanus	615
Bonifacius V. Neapolitanus	619
Honorius I. Campanus	625
Severinus Romanus	640
Joannes IV. Dalmata	640
Theodorus I. Hierosolymit.	642
S. Martinus I. Tudertinus	649
S. Eugenius I. Romanus	654
S. Vitalianus Segniensis	657
Adeodatus Romanus	672
Donus I. Romanus	676
S. Agatho Siculus	678
S. Leo II. Siculus	682
S. Benedictus II. Romanus	684

 Joan-

S. Pa

	Anno Æræ vulg.
S. Paſchalis I. Romanus	817
Eugenius II. Romanus	824
Zinzinus Antip.	824
Valentinus Romanus	827
Gregorius IV. Romanus	827
Sergius II. Romanus	844
S. Leo IV. Romanus	847
Benedictus III. Romanus	855
Anaſtaſius Antip.	855
S. Nicolaus I. Romanus	858

Electi rurſum a Clero & Pop.

Hadrianus II. Romanus	867
Joannes VIII. Romanus	872
Martinus II. Tuſcus	882
Hadrianus III. Romanus	884
Stephanus V. al. VI.	884
Formoſus Portuenſis	891
Bonifacius VI. Romanus	896
Stephanus VI. al. VII. Romanus	896
Romanus Hetruſcus	897
Theodorus II. Romanus	898
Joannes IX. Tiburtinus	898
Benedictus IV. Romanus	900
Leo V. Ardeatinus	903

Chri-

	Anno ***Ære vulg.***
Chriſtophorus Romanus	903
Sergius III. Romanus	904
Anaſtaſius III. Romanus	911
Lando-Sabinus —	913
Joannes X. Ravennas	914
Leo VI. Romanus	928
Stephanus VII. al. VIII. Ro- manus	929
Joannes XI. Tuſculanus	931
Leo VII. Romanus	936
Stephanus VIII. al. IX. Ger- manus	939
Martinus III. Romanus	942
Agapetus II. Romanus	946

Poſiti a Tyrannis Italiæ & Imperat.

Joannes XIII. Romanus	956
Leo VIII. Antipapa	963
Benedictus V. Romanus	964
Joannes XII. Romanus	965
Benedictus VI. Romanus	972
Donus II. Romanus	974
Benedictus VII. Romanus	975
Joannes XIV. Papienſis	984

Bo-

Anno
Æræ vulg.

Bonifacius VII. Antipap. 974
      -    -   985
Joannes Filius Roberti ele-
    ctus   -   985
Joannes XV. Romanus   985
Gregorius V. Germanus   996
   Joannes XVI. Antipapa   997
Silvester II. Aquitanus   999
Joannes XVII. Romanus   1003
Joannes XVIII. Romanus 1003
Sergius IV. Romanus   1009
Benedictus VIII. Tufcula-
    nus   -   -   1012
Joannes XIX. Tufculanus   1024
Benedictus IX. Tufculanus 1033
   Silvester Antipapa   1044
Gregorius VI. Romanus   1044
Clemens II. Saxo   -   1046
Damafus II. Bavarus   1048
S. Leo IX. Germanus -   1049
Victor II. Germanus   1055
Stephanus IX. al. X. Lotha-
    ringus   -   -   1057
   Benedictus X. Antip.   1058
Nicolaus II. Burgundus   1058

A 5   Ale-

Anno
Ære vulg.

Alexander II. Mediolanen-fis - -	1061
Honorius Antipapa	1062
S. Gregorius VII. Senenfis	1073
Clemens Antipapa	1080
Victor III. Beneventanus	1086
Urbanus II. Gallus	1088
Pafchalis II. Tufcus	1099
Albertus Antipapa	1100
Silvefter Antipapa	1100
Silvefter Antipapa	1102

Electi rurfum a Clero & Populo.

Gelafius II. Campanus	1118
Gregorius Antipapa	1118
Calliftus II. Burgundus	1119
Honorius II. Bononienfis	1124
Innocentius II. Romanus	1130
Anacletus Antipapa	1130
Victor Antipapa	1138

Electi a Cardinalibus.

Cœleftinus II. Tufcus	1143
Lucius II. Bononienfis	1144
Eugenius III. Pifanus	1145
Anaftafius IV. Romanus	1153

Ha-

	Anno
	Æra vulg.
Hadrianus IV. Anglus	1154
Alexander III. Tuscus	1159
Victor Antipapa	1159
Paschalis Antip.	1164
Callistus Antip.	1168
Innocentius Antip.	1178
Lucius III. Lucensis	1181
Urbanus III. Mediolanensis	1185
Gregorius VIII. Beneventanus	1187
Clemens III. Romanus	1187
Coelestinus III. Romanus	1191
Innocentius III. Anagninus	1198
Honorius III. Romanus	1216
Gregorius IX. Anagninus	1227
Coelestinus IV. Mediolanensis	1241
Innocentius IV. Genuensis	1243
Alexander IV. Anagninus	1254
Urbanus IV. Trojanus	1261
Clemens IV. ex Fano S. Ægid.	1265
B. Gregorius X. Placentinus	1271

Electi in Conclavi.

Innocentius V. Allobrox.	1276

Ha-

	Anno *Æra vulg.*
Hadrianus V. Genuenfis	1276
Vicedominus electus tantum	1276
Joannes XX. al. XXI. Lufitanus	1276
Nicolaus III. Urfinus	1277
Martinus IV. de Bria	1281
Honorius IV. Romanus	1285
Nicolaus IV. Afculanus	1288
S. Cœleftinus V. Ifernenfis	1294
Bonifacius VIII. Cajetanus	1294
Benedictus XI. Tarvifinus	1303
Clemens V. Vafco	1305
Joannes XXI. al. XXII. Cadurcenfis	1316
Nicolaus Antip.	1328
Benedictus XII. Savardunenfis	1334
Clemens VI. Malomontanus	1342
Innocentius VI. Aquitanus	1352
Urbanus V. Gabalitanus	1362
Gregorius XI. Malomontanus	1370
Urbanus VI. Neapolitanus	1378

Cle-

	Anno Æra vulg.
Clemens Antip.	1378
Bonifacius IX. Neapolit.	1389
Benedictus Antip.	1394
Innocentius VII. Siculus	1404
Gregorius XII. Venetus	1406
Alexander V. Cretensis	1409
Joannes XXII. al. XXIII. Neapol.	1410
Martinus V. *Columna*	1417
Clemens Antip.	1425
Eugenius IV. Venetus	1431
Felix Antipapa	1439
Nicolaus V. Lucensis	1447
Callistus III. Hispanus	1455
Pius II. Senensis	1458
Paulus II. Venetus	1464
Sixtus IV. Savonensis	1471
Innocentius VIII. *Cybo*	1484
Alexander VI. Hispanus	1492
Pius III. *Piccolomineus*	1503
Julius II. Savonensis	1503
Leo X. *de Medicis*	1513
Hadrianus VI. Ultrajectinus	1522
Clemens VII. *de Medicis*	1523

Pau-

	Anno *Æræ vulg.*
Paulus III. *Farnesius*	1534
Julius III. *Tuscus* -	1550
Marcellus II. Politianus	1555
Paulus IV. *Caraffa* -	1555
Pius IV. *de Medicis* -	1559
S. Pius V. Alexandrinus	1566
Gregorius XIII. Bononien- sis - - -	1572
Sixtus V. *Perettus* -	1585
Urbanus VII. *Castanensis*	1590
Gregorius XIV. *de Sfon- dratis* - -	1590
Innocentius IX. *Fachinettus*	1591
Clemens VIII. *Aldobrandi- nus* -	1592
Leo XI. *de Medicis* -	1605
Paulus V. *Burghesius*	1605
Gregorius XV. *Ludovisius*	1621
Urbanus VIII. *Barberinus*	1623
Innocentius X. *Pamphilius*	1644
Alexander VII. *Chisius*	1655
Clemens IX. *Rospigliosus*	1667
Clemens X. *de Altieri*	1670
Innocentius XI. *Odeschalchi*	1676
Alexander VIII. *Ottoboni*	1689

In-

	Anno Æra vulg.
Innocentius XII. *Pignatelli*	1691
Clemens XI. *Albani* -	1700
Innocentius XIII. *de Conti*	1721
Benedictus XIII. *Orfini*	1724
Clemens XII. *Corfini*	1730
Benedictus XIV. *Lambertini* - - -	1740
Clemens XIII. *Rezzonico*	1758

Concilia Generalia
& Oecumenica.
In Oriente,

	Anno Æra vulg.
Nicænum I. contra Arium	325
Conftantinopolitan. I. contra Macedonium	381
Ephe-	

Anno
Æræ vulg.

In Occidente.

...res Almarici & libellum
Joachimi Abbatis, item
pro recuperanda Palæ-
ſtina   -   - 1215
Lugdunenſe I. pro recupe-
randa Palæſtin. &c. &c. 1245
Lugdunenſe II. pro recuper.
Palæſt. & contra erro-
res Græcorum   -   - 1274
Viennenſe in Gallia contra
varias Hæreſes &c.   - 1311
Conſtantienſe pro tollendo
Schiſmate, & contra
Wicleffum, Hierony-
mum Pragenſ. & Joan-
nem Huſs, Hæreticos 1414
Florentinum pro unione Ec-
cleſiæ Latinæ & Græcæ 1438
Lateranenſe V. pro tollendo
Schiſmate Conc. Piſani 1512
Tridentinum contra Recen-
tiores Sectarios, Luthe-
rum, Calvinum &c.   - 1545

Hæ-

Hæreses & Schismata
a Christo nato ad nostra tempora exorta.

Anno
Æræ vulg.

1 HEbræorum post adventum Christi, negantium, Christum verum Messiam

2 Pharisæorum ad fidem Christi conversorum dicentium, retinendam esse cum nova Christi lege circumcisionis observantiam. Damnati sunt per Concil. Apostol. V. Anno   51

3 Simonis Magi hæresiarchæ negantis Resurrectionem mortuorum: item creationem mundi Angelis, non DEO tribuentis, & dona gratiæ (unde *Simonia*) venalia esse asserentis. Sub Nerone Imp.   55

4 Cerinthi, Ebionis, Menandri & aliorum Simon.

Magi

Magi difcipulorum , do-
centium , Chriftum effe
purum hominem, nec ean-
dem cum Verbo divino
perfonam &c.   -   -   70

5 Nicolaitarum, fornicatio-
nem & efum Idolothyto-
rum permittentium   -   76

6 Saturnini & difcipulorum
ejus, afferentium, Chri-
ftum non veram carnem
humanam, fed tantum ap-
parentem affumpfiffe   -   118

7 Bafilidis, Menandri difci-
puli, negantis Virginita-
tem nuptiis præferen-
dam, Chriftumque pro
nobis non vere paffum af-
firmantis   -   -   -   124

8 Millenariorum feu Chilia-
ftarum docentium, Chri-
ftum poft diem extremi
judicii cum Sanctis per
mille anhos in terris re-
gnaturum, & voluptati-

bus

bus corporis (alii delicias
animi tantum admitte-
bant) fruiturum   -   - 130
9 Cerdonianorum, Secun-
dianorum , Marcionita-
rum, Valentinianorum ,
Gnofticorum &c, qui tur-
piffima quæque licere do-
cebant circa an,   -   - 150
10 Quartodecimanorum di-
centium, Pafcha non die
Dominica , fed luna de-
cima quarta cum Judæis
effe celebrandum -   - 168
11 Tatianorum prohibentium
matrimonium (unde etiam
Encratitæ feu continen-
tes dicti) item ufum car-
nium, vini ; quia hæc a
malo principio feu Dæ-
mone procreata docebant 173
12 Montaniftarum, Authore
Montano Phrygio (unde
etiam Phrygii & Cata-
phryges dicti) damnan-
tium

tium fecundas nuptias
tanquam malas : item ne-
gantium', relapfis poft
Baptifmum ab Ecclefia
poffe concedi veniam &c.
denique Montano , non
Apoftolis collatam Spiri-
tus S. plenitudinem con-
tendebant   -   - 181

13 Adamitarum , Authore
Adamo quopiam , nudo
corpore incedentium   194

14 Rebaptizantium, Autho-
re Agrippino Epifcopo
Carthag. docentium', Ba-
ptifmum Hæreticorum
non valere   -   - 250

15 QuorundamEpifcoporum
rigidiorum , docentium
Apoftatis,Mœchis,& Ho-
micidis etiam in morte
negandam veniam. Cir-
cà eundem annum   250

16 Novatianorum , fenten-
tiam rigidiorum prius di-

ctam

Item in Ecclefia efle fo-
los bonos, bonos autem
efle eos tantum, qui
eum Donato fentirent   310
20 Arianorum, Auth. Ario
Presbyt. Alexandrino,
Chriftum non efle Deum,
nec Patri confubftantia-
lem, fed creaturam efle
afferentium. Hanc Hæ-
refin fæc. XVI. renova-
runt Jo. Campanus, Mich.
Servetus Hifpanus, Va-
lent. Gentilis. Neapol.
Paulus. Alciatus Medio-
lan. & præ aliis duo So-
cini Lelius & Fauftus   320
21 Aërii, feu Aëtii, qui præter errores Arii docuit,
fuffragia vivorum non
prodefle defunctis, & Sa-
cerdotes efle æquales Epi-
fcopis   -   -   340
22 Semiarianorum, Chriftum
Patri quidem confubftan-
tia-

Wi-

Anno
Ære vulg.

Wicleffitæ, Huffitæ, Lu-
therani, Zwingliani, Cal-
viniftæ, & noftri tempo-
ris Sectarii fere omnes - 400

27 Pelagii Monachi Britanni,
negantis peccatum ori-
ginale, & gratiæ Divi-
næ neceffitatem ad a-
ctus falutares. Propu-
gnatores habuit maxime
Celeftium   Monachum
& Julianum Ep. Capua-
num : impugnatorem
acerrimum S. Augufti-
num   -   - 405

28 Adrumetinorum in Af-
rica Monachorum, Pela-
gium propugnantium, &
negantium   libertatem
creatam   -   - 408

29 Semi-Pelagianorum, qui
& Maffilienfes dicuntur.
Hos fecuti videntur Caf-
fianus Monachus cætero-
quin vitæ probatiffimæ ,

B

Fau-

FauſtusLirinenſis, Genna-
diusMaſſilienſis.Docebant
hi, gratiam Dei non eſſe
neceſſariam ad initium ſalutis, eſſe tamen neceſſariam ad reliquum opus
ſalutis.   Circa annum
eundem   -   - 408

30   Prædeſtinatianorum   ,
Scripta D. Aug. perpe-
ram interpretantium , &
dicentium , opera bona
non prodeſſe reprobis ,
nec mala nocere præde-
ſtinatis.   Quam hæreſim
ſæculo nono renovavit
Gotteſchalcus   Germa-
nus Monachus, & Sæcu-
lo 16. Luther. & Calvin. 412

31 Neſtorii Ep. Conſtanti-
nop. docentis B. Virgi-
nem non eſſe DeiMatrem,
& inChriſto duas eſſe per-
ſonas   -   -   - 430

32 EutychisAbbatis,& Dio-
ſcori,

Anno
Æra vulg.

fcori, docentium contra
Neftorium, in Chrifto non
folum unam effe perfo-
nam, fed etiam unam na-
turam, quorum hæreſes
ad noftra ufque tempora
durant in Oriente; hinc
in Africa Jacobitæ, Co-
phti, Accemetæ in Scy-
thia, & Conftantinopoli
Studitæ - - - 443
33 Petri Gnaphæi dicti Fullo-
nis Ep. Antiocheni docen-
tis Deum ipfum, ipfam
Deitatem, imo Trinita-
tem paffam & crucifixam
effe, cujus fequaces Theo-
patitæ, feu Theopaffitæ
dicti + - - 476
34 Monothelitarum, Duci-
bus Sergio Conftant.
Patriarcha, Cyro Ep. Ale-
xandr. & Macario An-
tiocheno, docentibus in

 Chri-

nem moliebantur, hoc ta-
men tempore apertiſſime
ſe ab Eccleſia Rom. divi-
ſerunt. NotatHoſius qua-
ter decies ſponte ab Ec-
cleſia Latina ſciſſos , & ad
eandem toties fere rever-
ſos. Circa annum   - 1050

39 Berengarii Archi-Diaco-
niAndegav.negantis pri-
mo Chriſti in Euchariſtia
præſentiam:dein revoca-
to priore errore docentis,
Chriſtum quidem eſſe
præſentem , cum Chri-
ſto tamen etiam ſubſtan-
tiam panis manere in
Euchariſtia. Circa an.   1050.

40 Petri de Bruis natione
Galli & Henrici Toloſa-
ni Monachi Apoſtatæ ,
errorem Aërii reſuſcitan-
tium , & Baptiſmum par-
vulis collatum ſine fide
nihil prodeſſe aſſerentium 1120

41 Petri Abailardi doctri-
nam mixtam ex Ariani-
fmo, Neftorianifmo, &
Pelagianifmo defenden-
tis, cui adhæfit Arnoldus
Brixienfis Romæ tandem
laqueo fuffocatus - 1140
42 Pauperum de Lugduno,
alias Waldenfium a Wal-
do quodam Lugdunenfi,
abfurdos circa pauperta-
tem aliaque errores do-
centium - - 1160
43 Albigenfium peffimorum
ex hæreticis, ejusdem
fere doctrinæ cum Alba-
nenfibus, qui nifi armis
fubacti fuiffent, totam
corrupiffent Europam 1200
44 Cujusdam Guilielmi de S.
amore, Doctoris Parifien-
fis docentis, ex odio in
Ordines Mendicantes,
non licere omnia fponte
relinquere; cujus libros

Ale-

Alexander IV. damna-
vit - - - 1250
45 Flagellantium per Italiam,
Galliam , Germaniam
graſſantium , & docen-
tium Baptiſmum fluminis
in ſanguinis, quem quis-
que flagellis e ſuo corpore eliceret , eſſe muta-
tum &c. Circa annum   1273
46 Fraticellorum , quorum
errores ſimiles fuere er-
roribus pauperum de Lu-
gduno ; hos damnavit
Bonifacius VIII.   - 1290
47 Beguardinorum & Begui-
norum ſeu Biſochorum ,
docentium   hominem
etiam in hac vita poſſe
fieri impeccabilem : im-
peccabilis autem ubi fue-
rit, non amplius teneri
ad orationem, jejunia Ec-
cleſiaſtica, aut ad bona
opera &c. Hi ipſi tamen
B 4   ha-

hæretici excufabant for-
nicationém ob flagran-
tem concupifcentiam.
Damnati funt in Conc.
Viennenfi fub Clem. V.
an. 1311. celebrato   1300

48 Joannis Wicleffi errores
Waldenfium additis aliis
docentis ; hujus hærefes
damnavit Concil. Con-
ftantienfe generale   1340

49 Joannis Hufs (unde Huffitæ) & Hieronymi Pra-
genfis Doctoris , errori-
bus Waldenfium & Wi-
cleffitarum, addentium:
Laicos debere fub utra-
que fpecie communicare;
uterque in Concil. Con-
ftantienfi generali Ann.
1415. combuftus eft   - 1407

50 Petri de Ofma Profeffo-
ris Theol. in Academia
Salmanticenfi , errantis
circa Sacramentum Pœ-

ni-

Anno
Æræ vulg.

nitentiæ, damnatus a Six-
to IV.   -   - 1479

51 Martini Lutheri Saxonis
Apoſtatæ, cujus errores
nefandos damnavit Leo
X. & poſtea Conc. Trid.
   -      -   - 1517

52 Semi-Lutheranorum, &
Anti-Lutheranorum, qui
errores addidere contra-
rios, uti Anabaptiſtæ,
quorum Author Nicolaus
Storckius. Sacramenta-
rii, quorum Signiferi Ca-
rolſtadius, Oecolampa-
dius, & Zwinglius fuere.
Circa annum   -   - 1520

53 Proteſtantium, qui in Anglia multum differunt a
Germanicis   - 1530

54 Calvini, falſis Lutheri do-
gmatibus alios addentis
errores impios, qui a Concil. Trid. damnati fuere;
utque Lutherus Germa-

B 5 niam,

niam, ita Calvinus infe-
cit Galliam, ubi Calvini-
ftæ dicti funt Hugonotti   1557

55 Michaelis Baji Doctor.
Lovanienfis, cujus multi
fuerunt errores contenti
in 79. Propofitionibus a B.
Pio V. Gregorio XIII., &
Urbano VIII. damnatis
circa annum   -   -   - 1560

56 Puritanorum, qui Presby-
teriani dicuntur ; rigidi
Calviniftæ , Proteftanti-
bus e Diametro oppofiti,
authoribus Butteno, Col-
mano, Hallinghamo, &
Benzano conflati   - 1568

57 Independentium, qui Ad-
verfarii Puritanorum &
Proteftantium erant   - 1570

58 Illuminatorum in Hifpania, docentium tantam
fe vi orationis mentalis
cum Deo unionem affe-
cutos, -

cutos, ut nec bonis ope-
ribus, nec Sacramentis
egerent, feque fine cul-
pa poffe turpiffima quæ-
que patrare. Refufcitati
Anno 1623. fuere.   - 1575

59 Janfeniftarum, qui Janfe-
nii Iprenfis Epifcopi do-
ctrinam in Bajo damna-
tam propugnabant, præ-
fertim 5. propofitiones ab
Innocentio X. damnatas. 1640

60 Tremblantium, feu Tre-
molantium in Anglia, qui
œftro quafi perciti in
compitis, & triviis folo
indufio tecti compare-
bant, authore Jacobo
Noilor. Durat etiam
nunc hæc fanaticorum
Secta in Anglia   - 1665

61 Quietiftarum Duce Mi-
chaële de Molinos, Pre-
sbytero Hifpano, da-

B 6   mna-

	Anno *Æra vulg.*
mnati 1687. ab Innocent. XI.	- 1680

Ordines Religiosi,
eorumque Fundatores.

SÆCULO III.

CLerici Regulares a S. Cypriano Ep. Carthaginensi instituti, qui & de disciplina, & habitu Virginum librum scripsit. Circa annum - - 254

VitaEremit. hoc etiamSæculo propagata est a S. Paulo Eremita.

SÆCULO IV.

Hoc SæculoMonachi prius

disperdifperfi, una degere cœperunt.

S. Antonius in Armenia, Scythia, & Thebaide. S. Pachomius in Ægypto. S. Hilarion in Palæftina. S. Bafilius in Græcia multa Afceteria condiderunt. Romæ quoque multa Virginum, & Monachorum Monafteria floruiffe, Author eft S. Hieronymus.

S. Ambrofius Mediolani, S. Eufebius Vercellis, S. Martinus Pictavii & Turonibus Cœnobitas inftituere.

S. Auguftinus in Africa utriusque Sexus Religiofas Familias inftituit.

SÆCULO V.

Caffianus in Gallia Maffilienfe, S. Honoratus Abbas Lirinenfe, alii alia inftituere cœnobia.

Con-

Anno
Æræ vulg.

Conſtantinopoli Monachi Accœmetæ (non Dormientes) laudes Dei diu, noctuque ſine intermiſſione concinebant   459

Celebre Monaſterium Agaunenſe· in Valeſia perennem Pſalmodiam induxit.

SÆCULO VI.

S. Patriarcha Benedictus in Monte Caſſino celeber. ſui Ordinis fundamenta jecit, quem. toto late Occidente ſanctiſſimis legibus præſcriptis mirifice propagavit. Circa annum   -   - 520

In Hiſpania S. Iſidorus Ep. & S. Fructuoſus Abbas, in Gallia S. Cæſarius, Aurelianus, Ferreolus, Donatus Epiſcopi, & S. Abbas Columbanus peculiaribus legibus conſcriptis inſtitutum Monaſticum magnopere promoverunt   -   -   -

SÆ-

SÆCULO VII.

S. Ennemundus Epiſcop. Lugdun. inſtituit Sancti-Moniales S. Petri.

SÆCULO VIII & IX.

Novus his Sæculis Ordo Religioſus etſi fundatus non eſt, prius tamen inſtituti magis ſemper floruere, adeo, ut Viri Principes quamplurimi Religioſorum inſtituta, cumprimis S. Benedicti amplecterentur.

SÆCULO X.

Ordo Cluniacenſis tot virorum ſanctitate illuſtrium Seminarium a Bernone Abbate in pago Cluniaco fundatus - - - 903

S. Romualdus Ravennas e Nobiliſſima Ducum Stirpe ortus, ſuſcepto in Monaſterio Claſſenſi S. Apollinaris habitu religioſo, unde ad Anachoreta-

retarum vitam fecedens, Ca-
maldulenfis Ordinis regulæ
S. Benedicti peculiaria quæ-
dam ftatuta addens Fundator
exftitit, hominesque docuit
in terris vitam Angelorum
æmulári. Circa annum - - 980

SÆCULO XI.

S.JoannesGualbertusNob.
Florentin.Clariffim.Ordinem
a Valle umbrofa, ubi Mona-
fterium exftruxit, nuncupatum condidit. Circa an.   - 1063

S.Bruno Coloniæ Agrippi-
næ clariffimis ortus Parenti-
bus, fübinde Canonicus Rhe-
menfis, cum fex aliis fociis
a DEO vocatus facerrimum,
& nunquam fatis laudatum
Carthufianorum Ordinem in
rupe altiffima & afperrima,
cui Carthufiæ nomen, con-
didit   -   -   - 1086

S.Stephanus nobilis Gallus
circa hæc tempora inftituit

Ordi-

Ordinem auſteræ admodum
diſciplinæ, cui Grandimon-
tium poſt obitum S. Stephani
divino monitu incoli cœptum
nomen hoc indidit.

A Gaſtone nobili Gallo oc-
caſione ignis ſacri in Gallia
graſſantis inſtituta eſt pia primum Congregatio, quæ dein
in Ordinem Canonic. Regul.
S. Antonii coaluit, quorum
officium erat, prædicto mor-
bo laborantibus operam ſuam
commodare. Cœpit -   - 1095

S. Robertus Abbas Molis-
menſis Ordinem, cui a Ciſter-
cio, ſolitario Burgundiæ loco nomen, inſtituit, a S. Ber-
nardo dein mirifice propaga-
tum, ſanctiſſimorum, doctiſ-
ſimorumque virorum Semi-
narium. Circa annum - - 1098

SÆCULO XII.

S. Norbertus verbo, vitæ
ſanctitate, & miraculis po-
tens,

tens, Ordinem fanctiffimum
Canonic. Reg. cui a Præmon-
ftrato deferto olim Galliæ loco, nomen, inftituit - - 1120

De Ordinis Guillielmita-
rum Authore variant Scrip-
tores - - - - 1124

SÆCULO XIII.

Sacri Ordinis Francifcano-
rum & Minoritarum (quo
nullus pauperior atque foe-
cundior fuit) S. Francifcus
Affifias natus 28. an. audito
Evangelio de relinquendis
omnibus, adfcitis fibi fociis
12. Romam veniens, prima
jecit fundamenta. Approbatus eft ab Innocentio III. &
Honorio III. - - 1208

Ordinem SS. Trinitatis redemptionis captivor. a S.
Joànne de Matha, & S. Fe-
lice Valefio inftitutum Innocent. III. confirmavit - - 1209

Ordi-

OrdinemPrædicatorum fir-
miſſimam adverſus hæreſes
arcem Authore S. Dominico
anno 1206, in Gallia Narbo-
nenſi cœptum confirmavit
Honorius III. Pontifex - - 1216

Ordinis B. Mariæ de Mer-
cede redemptionis captivo-
rum Author eſt S. Petrus No-
laſcus adjutoribus S. Raymundo de Pennaforti, & Jacobo I. Aragonum Rege - 1218

Ordo Monialium S. Claræ,
quas etiam Damianitas vo-
cant ab Ecclefia S. Damiani.
Earum Parens fuit S. Clara
mirabilis Virgo, filia in ſpi-
ritu S. Francifci de Affifiis ,
paupertatis amantiſſima, atque ex Regula S. Francifci
vitam inftituens - - 1223

Sanctiſſimo Ordini Carme-
litarum ab Aimerico Antio-
cheno Patriarcha anno 1181.
ob Saracenorum incurſus in

monte

monte Carmelo tutius collo-
cato, B. Albertus Patriarcha
Hierofolym. An. 1209. Re-
gulam confcripfit, quam Honorius III. approbavit. - - 1226

Ordo Servorum B. V. Ma-
riæ, originem duxit a feptem
Nobilibus Florentinis divinô
monitu in montem Senarium
fecedentibus, ibique pofita
ædicula DEI, & ejus SSmæ
Matris laudes fub Regula S.
Auguft. occinentibus, horum
præcipuus fuit Bonfilius dé
Monaldis. Hic Ordo dein
Mendicantib. adfcriptus mul-
tos viros & Sanctos, & eru-
ditos edidit - - 1233

Ordinem Eremitar. S. Au-
guftiniAlexanderLV.&plures
Eremitarum Congregationes
in unum Corpus fub uno ca-
pite & Regula S.Auguft.rede-
git - - 1255

Ordo

Anno
Ærævulg.

Ordo Cœleſtinorum a Cœleſtino V. Papa Conditore ſic dictus, cum ante Pontificatum ejus Congregatio S. Damiani appellaretur. Refertur ad annum   - - 1290

Ad hoc Sæculum revocatur quoque Ordo Silveſtrinorum a B. Silveſtro Guzolino conditus.

Item: Eremitæ S. Pauli primi Anachoretæ, Euſebium Strigonio Ungariæ Urbe oriundum religioſæ ſuæ familiæ Ducem & Parentem venerantur. Hic tamen Ordo Paulinorum ſequenti primum Sæculo a Joanne XXII. anno 1328. confirmatus eſt.

SÆCULO XIV.

Ordo Olivetanus a monte Oliveti ſic nuncupatus, ad quem cum duobus ſociis ex voto recuperati viſus, Parens hujus Ordinis

Ber-

Bernardus Ptolomæus Senensis Nobilis Jurisconsultus, se-
cessit - 1319

Ordo Jesuatorum Senis a
S. Joanne Columbino sub Regula S. Augustini conditus
est, a Clemente IX. postea
extinctus. Cœpit - 1356

Ordini a S. Salvatore nun-
cupato S. Brigitta Vidua il-
lustrissimis orta natalibus regula a Christo ipso accepta,
virisque simul, ac mulieribus
data, quibus omnibus ipsa
præesset Antistes, initium
fecit. Ordinis hujus mona-
steria maxime per Septen-
trionem sparsa magna sui parte tempore Lutheri cum fide
Catholica eversa sunt. Confirmavit hos Ordines paulo
post sua initia Urbanus V. - 1370

Ordo Hieronymitarum a
Petro Fernando & aliis viris
sanctis Italis in monasterio S.
Bartho-

Anno
Æræ vulg.

Bartholomæi de Dupiniana
inftitutus eft ; Fundatorem
venerantur B. Petrum Gam-
bacurtam. Confirmatus eft
Ordo hic a Gregorio XI. A. 1373

SÆCULO XV.

Ordo minimorum a S. Fran-
cifco de Paula (exemplar ve-
ræ humilitatis ac folidæ cha-
ritatis) inftitutus, a Sixto IV.
aliisque Pontificibus confir-
matus   -   -   - 1473

Auguftinianorum Difcal-
ceatorum Ordini a Sixto IV.
approbato Baptifta Pogglus
initium dedit   -   - 1474

Ordo Annunciatarum B.
Mariæ inftitutus a B. Joanna
Ludovici XI. Galliæ Regis
Filia, circa annum   -   - 1499

SÆCULO XVI.

Ordo Clericor. Regularium,
alias Theatinorum a S. Caje-
tano Tieneo nobili Vincen-
tino

tino & Petro Caraffa Episcopo primum Theatino, dein
Papa sub nomine Pauli IV.
conditus est.　　　　　　　1524

· Ordo minorum S. Fran-
cisci Capucinorum, cujus
author eratMatthæus de Bas-
sio Umber Sacerdos Minorita
visione quadam excitatus, ad-
jutore Ludovico Forosem-
proniensi itemMinorita;quem
tamen hi duo deseruere, ut
DEI, non hominum opus ha-
beretur. Approbatus est anno 1528. a Clemente VII.
Cœpit　-　　-　　-　1525

Congregatio Clericorum
Regularium S. Majoli sive de
Somascha a loco inter Me-
diolanum & Bergomum sic
dicta a B. Hieronymo Æ-
miliano Nobili Senatore Ve-
neto instituta. Est hujus Ordinis Orphanos alere, & ad
artes, ac bonos mores eru-
　　　　　　　　　　dire.

dire. Eruditam juxta ac piam hanc Congregationem S. Pius V. Anno 1568. confirmavit. Cœpit - - 1531

Ordo Minorum S. Francisci de *strictiore observantia*, quos & *Recollectos* vocant, approbatus est a Clemente VII. - - - 1532

Congregatio Clericor. Reg. S. Pauli, qui & Barnabitæ (ab Ecclesia S. Barnabæ Mediolani) dicuntur. Approbata est a Clemente VII. dein post biennium iterum a Paulo III. confirmata 1533

Societas JESU a S. Ignatio de Loyola Nobili Cantabro ex vulnere Pampelone accepto ad Christum converso adlectis novem Sociis cœpta est, cujus Institutum An. 1540. Paulus III. magnis celebrans laudibus confirmavit. Paulus IV. ejus Beatæ (ut

 ajebat)

ajebat) Societatis patroci-
nium proprio quodam ac præ-
cipuo nomine fuſcepit, teſta-
tus, ſe ab ea non pro commu-
ni tantum omnium Parente,
ſed pro ſingulari ac proprio
velle haberi. Cœpit   1534

Ordinem Fratrum Hoſpi-
talitatis, vulgo Miſericordiæ
a S. Joanne de Deo fundatum
Anno 1572. S. Pius V. approbavit. Cœpit   - 1538

Ordinem Carmelit. Diſcal-
ceatorum a S. Thereſia Ducibus Joanne de Yepez a Cruce, & Antonio Heredio de
JESU ad priſtinam S. Alberti
regulam reductum, Grego-
rius XIII. approbavit 1580.
Cœpit   -   - 1565

Congregat. Oratorii a S.
Philippo Nerio inſtituta Romæ. Anno 1575. a Grego-
rio XIII. confirmata. Cœpit 1572
Con-

Congregatio Clericorum miniftrantium infirmis a Sixto V. confirmata eft   **1585**

Congregationem Fulienfem ftrictioris obfervantiæ Monachorum Ordinis Ciftercienfis a Joanne Barrerio Monafterii Fulienfis Abbate inftitutam Sixtus item V. confirmavit - **1586**

Hoc quoque Sæculo Clemens VIII. Congregationem Clericorum Regul. Doctrinæ Chriftianæ confirmavit   **1592**

SÆCULO XVII.

Ordinem Monialium a Vifitatione B. Virginis nuncupatum S. Francifcus Salefius condidit   **1610**

Congregatio Urfulinarum ad inftituendas fine minervali puellas cura potiffimum D. Tobiæ de fainte Beuue condita, & a pluribus Pontificibus laudata, Anno 1630. con-

fir-

Anno
Æræ vulg.

firmata eſt ab Urbano VIII.
Cœpit circiter   1611

-Monialium ſive Canoniſſa-
rum Regul. S. Aug. Congregationem Dominæ noſtræ a
B. Petro Ferrerio inſtitutam,
quæ pariter ex inſtituto puellas erudiendas , & honeſtis
moribus imbuendas habet,
approbavit Anno 1614. Paulus V. Cœpit   1611

Huic non abſimilis inſtitu-
ta eſt Congregatio B. Mariæ
Burdegalæ a nobili Matrona
Maria Leſtonaca   1611

Congregatio Clericorum
Oratorii dicta *Oratorii JE-*
SU Chriſti Domini , diverſa
ab illa , quam S. Philippus
Nerius inſtituit, condita eſt
Pariſiis a Petro Berullo viro
piiſſimo & ad inſtituendos in
Divinis Officiis Sacerdotes
nato   - 1613

Or-

Anno
Æra vulg.

Ordo Clericorum Regular.
Piarum Scholarum a B. Jofe-
pho Calaffantio fundatus ,
quorum munus eft pueros
pauperes primis literarum
elementis imbuere , a Gregorio XV. confirmatus   1621

Ordines Equeſtres
per univerfam Eu-
ropam florentes.
In Lufitania.

ORdo Equitum JESU Chri-
fti , vulgo , del ha-

bito Christi, a Dionysio Rege, cognomento Perioca, contra Mauros Bœticam infestantes institutus, Summo Pontifice Joanne XXII. approbante, & normam, legesque vivendi a Benedictina Familia præscribente. Successit hic Ordo in locum, & bona Templariorum paulo ante excisorum. Præsunt Reges Lusit. Circa an.   - 1319

Ordo Equitum Avisiorum, sive *de Avis* ab Alphonso I. Rege Lusitanorum contra Saracenos, sub nomine militum Eborensium, dein Avisiorum, institutus; subinde cum Ordine Calatravensium in Hispania in unum Collegium coaluit, atque iterum facta dissolutio. Leges, præceptaque vivendi a Cistercio transumpta sunt. Præf. Reg. Lusit.   - 1147

Or-

Ordo Equitum S. Jacobi de
Spatha, communis cum Hi-
fpanis: ante tempora Diony-
fii Regis, primis duobus &
amplius fæculis comitiorum
fuffragiis, non hæreditate
Magnus Ord. Magift. lectus
eft, donec vacante Præfe-
ctura Joan. III. Lufit. Rex
(approbante Julio pariter III.
Pontif.) fedem impleret; natale folum Caftellam habuit,
translatus in Lufitaniam. An.
1319. Cœptus in Hifpania
circiter   -   - 1198

Ordo Equitum ab ala S.
Michaëlis Archangeli, ab Alphonfo I. Rege Lufit. in memoriam reportatæ infignis
de Mauris ope S. Michaëlis
Archangeli victoriæ, præ-
ceptis Ciftercienfium rectus.
Hodie hic ordo non exftat - 1171

Ordo Equitum S. Joannis,
qui dicti Anconenfes, a loco,
C 4   ubi

ubi cœptus, ex Hifpania in Lufitaniam fub Alphonfo Sapien-
te translatus; leges huic Ordini eædem, quæ Religiofis
D. Auguftini. In Lufitania
hodie exoluit

In Hifpania.

Ordo Equeftris Aurei Vel-
leris, vulgo, de la Toifon d'
Or, longe toto orbe celeberrimus a Philippo Duce Burgundiæ occafione nuptiarum
cum Elifabetha filia Joann.
Lufitaniæ Regis, Brugis in
honorem S. Andreæ inftitutus; incrementa tamen fua
Regibus, Imperatoribusque,
quibus & claruit, & hodie
claret, debet. Burgundicos
hos honores cum Burgundiæ,
Belgiique Provinciis Maxi-
miliamus I. Rom. Imp. adle-
&a fibi in matrimonium Maria Caroli Audacis unica filia
hærede, in Auftriam intulit.

Trans-

Translatus hic Ordo fubinde a Carolo V. in Hifpaniam quoque, cum Romanam, Hifpanamque Monarchiam inter Ferdinandum fratrem, filiumque, Philippum difpefceret. Præf. Reges. Cœptus **1430**

Ordo Equeftris S. Jacobi de Spatha, dictus Compoftellanus, idem qui Lufitanis, in memoriam relatæ miraculofæ de Mauris a Ramiro Rege, ope S. Jacobi albo equo exercitum divinitus præcedentis, victoriæ, a Ferdinando II. Aragonum Rege, ut plerique putant, inftitutus, & approbatus a Cœleft. III. Pontif. Circa an. 1198. vel ut alii an. - - - **1175**

Ordo Equitum Calatravenfium contra Mauros, Barbarosque primum ab Raymundo Ciftercienfium Abbate, Toleti inftitutus, inde a San-

C 5

ctio

ctio IV. hoc nomine Toleta-
norum Rege, Calatravam
inductus. Legibus Ciftercienfium regitur; a tribus Pontificibus Alexandro III. Innocentio III. & Paulo III confirmatus. Initio Raymundus
Ciftercienfium Abbas, inde
viri Principes Summum Ma-
giftratum geffere, ad extre-
mum Ferdinandus Rex Ca-
thol. annuente Innocent. VIII.
Pont. fibi, fucceſſoribusque
eam dignitatem propriam ef-
fecit. Cœpit Anno   -   - 1158

Ordo Equeftris Alcantaræ
a duobus fratribus Illuftribus
Svero Fernandez, & Gome-
fio fundamenta accepit contra Mauros Catholico Regno
deturbandos. Initio Ordo S.
Juliani de Pyrario, five Pe-
reyro appellatus, dein per-
mixtus Ordini Calatraven-
fium, ac fubinde fibi reftitu-

tus

tus anno 1411. Confirmatus
a Pontificibus an. 1177. 1183.
Summa dignitas a Carolo V.
perpetua eſt Regibus Hiſpaniæ. Leges accepit a Ciſter-
cienſi Familia. Cœpit an.   - 1156
In Gallia florentes.
Ordo Equeſtris S. Spiritus
tota Gallia viris illuſtribus
nobiliſſimus, Parentem na-
ctus eſt Henricum III. Valeſia e ſtirpe Regum Franciæ
poſtremum, eo, quod S. Pen-
tecoſtes die ipſe duo Regna
Francicum & Polonic. adiiſ-
ſet. Membra, præter octo-
nos Eccleſiæ Præſules, &
quatuor adhuc viros illuſtres,
centenario continentur numero; nemo adlegitur ante,
quam nomen Ordini D. Mi-
chaëlis dederit; leges, inſti-
tutaque Ordinis ad extin-
guendam in Gallia hæreſim

                  ſpe-

fpectabant. Dignitas M. Magiftri penes Reges eft. Cœp. 1579
   Ordo S. Michaëlis Ludovico XI. fuum debet initium
in memoriam ob victorias re-
latas ab antecefforib. Regibus
Francis ad Aureliam ope S.
Michaëlis. Subinde ita viluit
numero membrorum, ut ipfi
Franci convicio appellarent
equites : *le Collier de toutes
Bêtes.* Demum a Ludovico
Magno (fyllabum Equitum
ad centenarium calculum
contrahendo) priftinæ digni-
tati reftitutus. An. 1665. San-
citum eft: inter Equites S. Spiritus neminem cooptandum
prius, quam nomen huic Ordini dediffet. Cœpit An. - 1469
   Ordo S. Ludovici primordia a Ludovico Magno accepit , membrorum numerus
non definitur; hoc temporis
ultra tria millia cenfentur in
                    varios

Anno
Æra vulg.

varios gradus divifa. Octo
Viri Principes, viginti quatuor Equites magnæ Crucis,
cæteri *Commendeurs* feu Præfecti appellantur. Præfunt
Reges. Cœpit - - 1693

Ordo Vexilli nautici (du
Pavillon) a Ludovico XV.
in locum Ord. de Teraffe feu
hortis penfilibus, quem idem
An. 1716. inftituere cœpit,
fubrogatus, atque inftitutus.
Anno - - - 1723

Ordo Equitum S. Lazari,
& Mariæ de Monte Carmelo
unum ita componit Sodali-
tium, ut e pluribus permiftis
hoc duntaxat nomen retineat.
Equitum S. Lazari vetus eft
origo in Syria, in Galliam
translatus omnes reliquos
amplitudine anteivit; Ordo
Mariæ de Carmelo opus fuit
Henrici IV. Permifti funt hi
duo Ordines - - 1608

Or-

Anno
Æræ vulg.

Ordo Equefter Militaris *de Meritis* a Ludov. XV. Rege Gall. erectus pro ftrenuis Ducibus, occafione belli contra Fridericum III. Boruſs. Regem & ejus Confœderatos Anglos, Hannoveranos & Haſſos &c. Cœpit   - 1759

Ordo D. Remigii vulgo ampullæ facræ, e quatuor membris componitur, fed longe antiquiſſimus, magnificentiſſimusque a Clodovæo I. Franciæ Rege facro fonte abluto inftitutus. - Munus præcipuum hujus Ordinis eft, dum Rex lege falica approbatus, inaugurandus eft, facram ampullam olei (D. Remigio olim per Angelum allati), deferente Præfule in templum comitari, & latus Præfulis ftipare. Cœpit circa annum   -   - 499

Ordo

Ordo Equefter a Quercu
(fufcepto in Mauros bello ap-
parente prodigiofe fupra
quercum figno Crucis)a Gar-
zia Navarræ Rege inftitu-
tus , nunc Galliæ adfcriptus.
Cœpit circiter   -   **722**

Ordo Equit. a Nave : facer
hic Ordo conditorem habuit
S. Ludovicum XI. caufa ex-
peditionis facræ in Palæfti-
nam claffibus fufceptæ. Cœpit   -   -   - **1269**

In Anglia confpicui.
Ordo Perifcelidis Anglis
The order of The Garter, five
S. Georgii per Angliam flo-
rentiffimus illuftrem ob devi-
ctos Gallos, an pudendum inter choreas (ex perifcelide
defluente Comitiffæ Sarisbe-
rienfis, quam Eduardus Rex
III. deperibat, amatorie a Rege ridentibus Aulicis reftitu-
ta) ortum habuerit? in am-
biguo

biguo eſt; id certum, ab
Eduardo cœptum ; quidam
referunt ad annum 1350. alii
ad annum - - 1346

OrdoEquitum a Balneo ſeu
trium Coronarum, vulgo,
Knights of the Bhat, ab Authore Henrico Rege Angliæ
IV. ſic dictus, eo, quod prius-
quam in Sodalitium hoc reci-
perentur Candidati, balneo
ablui debuerint.   Interierat
hic Ordo, ſed a Georgio I.
ad Jacobi II. ſolium evecto,
in vitam revocatus anno 1725
In Scotia.
Ordo S. Andreæ in Scotia,
vulgo *Cardui & Rutæ* a Pet-
tone, alias Hungo Rege Scotiæ inſtitutus perhibetur ;
num ex duobus Sodalitiis
Cardui & Rutæ in unum S.
Andreæ conflatus ſit, affir-
mare non auſim. Cœpit circiter anno - - 840
In

In Sabaudia clariſſimi.

Ordo Equeſter Annuncia-
tionis , in venerationem Magnæ Dei Matris ab Amadæo
V. cognomento Viridi Comite Sabaudiæ inſtitutus, hodieque floret ; quo anno cœperit incertum , certum tamen ante An.   -   - 1384

Ordo Equitum SS. Mauri-
tii & Lazari Conditorem ha-
bere meruit Amadæum VIII.
Comitem primum, dein Du-
cem ; tum & D. Petri Succeſ-
forem. Magni Magiſtri hono-
re fungitur hodie Dux Sabaudiæ. Cœpit   -   - 1434

In Regno Neapolitano.

Ordo Equeſter S. Januarii
in lucem noviſſime productus
a Carolo IV. Burbonio utriusque Siciliæ Rege, floret his
auſpiciis nobiliſſimus Ordo   1738

In

Anno
Æræ vulg.

In Hetruria.

Ordo Equester S. Stepha-
ni celeberrimus Magno Duci
e Domo Medicea Cosmo suam
in acceptis refert originem ob
victoriam die S. Stephano sacra partam.   Floret sub Magnis Ducibus.   Cœpit   1555

Venetiis.

Ordo Equester sub trino
nomine ab *Ocrea, a Stola,
& a S. Marco* in totidem clas-
ses discriminatus, hodie flo-
rentissimus; quo anno cœ-
ptus, in obscuro est, a S. Marco nomen adeptus circa annum   -   -   -   - 1480

Equites Pontificii.

Ordo Equester S. Sepul-
chri Hierosolymitani Gode-
frido Bullionio, & Balduino
Fratribus sua debet exordia.
Hodie officio hujus Ordinis
fungitur sacra D. Francisci
Familia.   Cœpit circiter   1098

Ordo

Ordo Equester S. Spiritus in Saxia Romæ opus est Innocentii III. Pontificis ad ferendam opem ægrotis, egenis, & peregrinis institutus, hodieque viget. Cœpit circiter anno - - - 1199

Ordo Equester S. Pauli a Paulo III. P. M. erectus, & subinde a Paulo V. confirmatus adhuc floret. Cœpit 1540

Ordo Equester S. Mariæ Lauret. a Sixto V. Pontif. præsidio ædi Lauretanæ Virginis, thesauroque illius Sanctissimo deputatus, hodie non nihil jam a primo splendore descivit. Cœpit - 1586

Ordo Equitum S. Petri conditorem habuit Leonem X. P. M. subinde a Paulo III. confirmatus, hodie præter nomen pene nihil retinet. Cœpit - 1520

Equi-

*Equites per Germaniam
florentes.*

Ordo Equitum Teutonicorum, five S. Mariæ in Hierufalem per totam diffufus Germaniam, cœptus in Syria ab Henrico Walpot, confirmatus a Cœleftino III. Pontifice anno 1198. ejectus per Saracenos Hierofolymis in Ptolomaidem fe contulit, inde paulo poft in Germaniam translatus, ac per varia loca diffufus, uni Magno Magiftro electo undecim Collegia parent. Cœpit   1191

Ordo Equitum Aurei Velleris in Auftriam, ex Hifpania per Maximilianum I. illatus; iterum fub Carolo V. Hifpaniæ reftitutus, tandem in jura Caroli II. Hifpaniæ Regis fuccedente Carolo VI. Imp. per pacem cum Philippo

V.

V. factam, conferendi aurei
velleris potestatem sibi reser-
vatam Austriæ restitutus ,
magno splendore hodie re-
fulget. Initia vide in Hispania. Restitutus vero Austriæ
anno - - - 1712

Ordo Equester Illustrium
Foeminarum a Cruce Stellata
Viennæ institutus ab Eleonora Gonzaga Ferdinandi III.
Augustâ Conjuge. Initium
dedit particula S. Crucis D.
N. J. C. Eleonoræ charissima
inter cineres exustæ aulæ ab
igne illæsa. Magistratum
summum Ordinis ipsa primum
Eleonora Augusta gessit, hanc
Eleonora Neoburgica Augu-
sta, Leopoldi Imp. Vidua ,
eam vero Wilhelmina Ama-
lia Josephi Imp. Conjux ex-
cepit ; cui demum successit
Elisabetha Christina, Augu-

Anno
Æræ vulg.

sti Caroli VI. Vidua. Coepit   -   -   - 1668

Ordo Equester Militaris
Theresianus a Maria Theresia
Imperatrice pro Ducibus he-
roico quodam facinore incly-
tis occasione belli contra Fridericum III. Regem Borussiæ
erectus   -   - 1759

Ordo Equitum S. Georgii,
& Defensorum Immaculatæ
Conceptionis B. V. M. in Ba-
varia, a Carolo Alberto Duce Bavariæ, subinde Imperatore , initium accepit, crea-
tis 24. Equitibus. Magnus
Magist. Ordinis Dux ipse, a
Benedicto XIII. per bullam
ordinem confirmante, re-
nunciatus est an.   - 1729

Ordo Equester S. Ruperti
Salisburgensium Archi-Epi-
scopo, & Primati Germaniæ,
Joanni Ernesto e Comitibus

de

Anno
Æræ vulg.

de Thun oriundo sua debet
primordia, Cœpit - - 1701

Ordo Equester S. Huberti
ad Rhenum, initia sua repe-
tit a Gerardo Juliacensi Duce, in memoriam (ope S.
Huberti) devicti Arnoldi
Geldriæ Ducis institutus. Refertur ad an. - - 1445

Ordo Aquilæ Nigræ apud
Electorem Brandeburgicum,
simul ac regiam sibi compel-
lationem Fridericus Elector
asseruit, huic Ordini initium dedit definito 30.
Equitum numero - - 1701

Ordo Equitum Germanæ
fidei in Saxonia collectus sub
signum est a Friderico IX.
Saxo-Gothano Principe. an. 1690

Ordo Equitum Amicitiæ
non fucatæ conditorem na-
ctus est Joannem Georgium
IV. Saxoniæ Ducem, anno 1692.

Ordo

Ordo Equitum ab animo generofo, vulgo, *de la noble paffion* in Saxonia, parentem habuit Joannem Georgium DucemSaxo - Weiffenfelfen- fem, anno - - 1704

Ordo Equefter *de la Fide- litè*, a fidei integritate fic appellatus, a Chriftiana Eber- hardina Saxoniæ Duce,Con- juge Friderici Augufti I. Re- gis Poloniæ coactus, viros, fœminasque illuftres com- plectitur. Cœpit circiter an. 1694

Ordo Equitum *Amoris Pro- ximi* Auguftam Caroli VI. Imp.ConjugemImperatricem Viduam ElifabethamMatrem meritus eft, fed paulo poft in alium translatus Ordinem. Cœpit - - - 1708

Ordo Equitum S. Antonii in Hannonia (Provincia e Belgicis una) ab Alberto Ba- varo Ludov. Imp. Nepote ap-

pro-

Anno
Æræ vulg.

probante Urbano VI. P. M.
inſtitutus jam deſiit. Cœpit   1382
   Ordo Equitum Cygni in
Brabantia authorem naĉtus
eſt Salucium Brabonem. Initia cum fine in obſcuro ſunt.
   Ordo Equitum Coronæ in
Friſia initium accepit a Carolo Magno Galliarum Rege &
Imp. ſed authore extinĉto,
eſſe etiam deſiit. Cœpit -   802
   Ordo Equitum Urſi in Helvetia Parentem naĉtus eſt
Fridericum Siciliæ Regem ac
dein Imperatorem. Gloria-
batur hoc ornamento olim
Helvetia, donec in Rempubl.
transmigraſſet. Cœpit circiter anno   - -   - 1215
   In Ungaria.
Ordo Equitum *Calcaris au-*
rei, five *aurati*, originem
ſuam in Italia quidem Nico-
lao V. P. M. debet, cum a
Vaticana Aula ad Lateranen-
         D   ſem

fem Bafilicam Friderico III.
aliis IV. Imperatori præiret
Pontifex , in Ponte molis
Adriani 265. Equites cum
eodem Cæfare renunciavit ,
circa annum 1448. per varia
Regna difperfus , in Ungariam quoque illatus , ubi hodie magno fplendore in æde
D. Martini Pofonii a Rege
diademate incincto triplici
ictu gladii S. Stephani Regis
creantur Equites.

Ordo Equitum *Draconis
devicti* Sigismundo Imperatori & Regi Ungariæ contra
hærefes Huffitarum depu-
gnanti ortum debet; fed hodie cum alio fibi fociato Ordine *Crucis viridis* defloruit.
Cœpit. - - - 1400

Ordo Equitum S. Joannis ,
five Rhodiorum ab ultimis Pa-
læftinæ finibus in Ungariam
delatus longo floruit tempore.

re. Princeps militum nobilif-
fimorum collegium Auranæ
fuit, ubi Prior Ordin. perpetuum habuit domicilium ; hodie emarcuit.

In Polonia.

Ordo Equefter *Aquilæ can-
didæ* ad Uladislaum Locticum
fua initia referre videtur. Ab
Augufto II. Poloniæ Rege
nova infignia & incrementa
accepit. Anno   -   - 1705

Ordo Equefter D. Henrici
hodierno Regi Augufto III.
adfcribendus eft, ipfeque Rex
Magni Magiftri munus fufti-
net. An.   -   - 1736

In Dania.

Ordo Equefter *Elephantis,*
Conditorem a multis Canu-
tum IV. An. 1079. ab aliis
Chriftianum I. Anno 1458.
habuiffe perhibetur ; inftaura-
vitOrdinem hunc Chriftianus

V.

V. sectæque Lutheranæ devotos esse voluit Equites. Post an. - - - 1670

Ordo Equitum Danicorum seu Danebrogicus Parentem celebrat Waldemarum II. viso inter pugnandum cum Livoniis vexillo candido, Cruceque præfulgente insignito institutus - - 1219

Ordo Equester *de la Fidelité* authorem habuit Magdalenam Sophiam Christiano IV. desponsam ; viros Principes ac foeminas complectitur. Coaluit anno - - 1732

In Suecia.

Ordo Equester Seraphinorum Magni III. Regis opus magnum dici poterat, nisi a Carolo IX. cum fide Catholica extinctus fuisset. Coepit an. - - - 1334

Ordo Equitum *Briccianorum*, sive S. Brigittæ in patroci-

Anno
Æra vulg.

trocinium Pauperum, Viduarum , & Peregrinorum coactus , subinde cum fide Catholica exactus. Cœpit - 1394

Ordo Equitum *Amaranthæ*
Chriftinæ Reginæ SueciæCatholicæ decus fuum omne debet. Anno circiter - - 1653

In Ruſſia.

Ordo Equitum Catharinæ, Imperatricem CatharinamPetri I. Viduam Genitricem habuit , illuftres duntaxat fœminas cenfet ; fub exordio feptem Sodalibus fœminis definiebatur , dein ab Anna Ivanouna auctus. Hodie cum fuprema poteftate præeft Elifabetha. Ortum habuit an. 1714

Ordo Equitum D. Andreæ a Petro I. Imperatore fufcitatus in præmium ornandis militari gloria viris. Anno - 1698

Ordo Equefter S. Alexandri vulgo *le Cordon-rouge de*

S. Alexandre. Fundamenta
& hic accepit a Catharina
Imperatrice , quæ primum
EquitemPrincipemMenficof-
fienfem nominavit. Anno - 1725
Infulani.

Ordo Equitum Meliten-
fium, five S. Joannis Hiero-
folymitani , & Rhodius dictus hodie toto orbe celeberrimus, florentiffimusque jam
anno 1012. in Palæftina ru-
dia fumpfit initia. Clarius floruit an. 1187. cum Hierofo-
lymas Saladinus Sultanus oc-
cupaffet: e Palæftina in Ptolomaidem, inde 1291. in Cy-
prum, e Cypro migravit in
Rhodum 1380. ac devaftata
a Solimano Rhodo 1523. in
Italiam fe recepit. Tandem
1530. a Carolo V. Imp. affi-
gnata huic Ordini Infula Mal-
tha five Melita , perpetuum
in Turcas bellum bellare juf-

fus

fus eft ; VIII. idiomata, five nationes hodie complectitur. I. Provinciæ. II. Averniæ. III. Franciæ in Gallia. IV. Italiæ. V. Aragoniæ, Catalauniæ, Navarræ in Hifpania. VI. Angliæ. VII. Germaniæ, fub quo titulo Bohemia, Ungaria, Polonia, Dania, Suecia, Croatia, & Dalmatia continentur. VIII. Caftellæ, Legionis, Lufitaniæ, Algarbiæ, Toleti, Galliciæ, & Andalufiæ. Obligantur Equites voto perpetuæ caftitatis, Regulamque D. Auguftini profitentur. Primum Ordinis M. Magiftrum cenfuit B. Gerardum a Thorn Anno 1099. Reliquos ordine fibi fuccedentes vide fub Titulo : *M. Magiftri Melitenfes.*

In Cypro Infula.

Ordo Equitum *Silentii*, dictus *Lufignianus* Cypro late

do-

Anno
Æræ vulg.

dominabatur propulsandis Sa-
racenis coactus, verum oc-
cupata a Turcis Cypro in-
tercidit. Floruit anno - -1195

- Pari fato extinctus Ordo
Insulæ Lemni fundatus a Pio
II. P. M. cujus hodie ne nomen quidem deprehendere
licet.

Equites minorum Gentium.

Ordo Equitum *Concordiæ*
Ernesto Christiano Principi
Baruthano suam in ac-
ceptis fert originem, ubi vero gentium cœperit adhuc
sub judice lis est. Cœpit an. 1660

Ordo Equitum *ab Aureo*
Cervo Silesiæ authore Georgio Wilhelmo e Piastorum
familia Duce cum prope Bri-
gam cervorum venatui vaca-
ret, illuxit anno - - 1672

Ordo Equester *de la Since-*
rité conscriptus est a Christiano Ernesto Marchione

Ba-

Anno
Æra vulg.

Baruthano , Equites Con-
feſſionem Auguſtanam pro-
fitentur. Circa annum - - 1664

OrdoEquit.*de la Generoſité,*
a FridericoI. Brandeb. vivente
adhucPatre Elect. deſcendit. 1685

Ordo Venatorius Würtem-
bergicus initia ſumpſit a Domo Würtembergica. Anno 1708

Ordo Equit. *Calvariæ* conditorem eundem habuit Ca-
rolum Fridericum Würtem-
bergæ Ducem viros , fœmi-
nasque illuſtres complectens
meditationi mortis intentos ;
ſubinde tædio aſſiduæ hujus
meditationis affecti equites ,
rareſcere cœperunt, ſed opor-
tune a Principe Sophia Eliſa-
betha Sileſiæ Duce novum
increment. accepit 1709. ſo-
lis fœminis adſcitis. Cœpiſſe
videtur - - - - 1704

Ordo Equitum *de la Fide-*
lité , Carolo Marchioni Ba-

D 5 denſi

Anno
Æræ vulg.

densi originem debet ; in
unum corpus coaluit anno , 1716
   Ordo Equitum S. Annæ a
Carolo Friderico Holsatiæ
PrincipeGottorpiensi leges &
insignia accepit anno - -1735
   Ordo sacer Equitum a *Ru-*
bea Stella , & a rubro corde ,
dictus etiam *Bethlehemiticus*
natale solum Palæstinam habuit , magnis auctibus in
Bohemiam illatus 1217. inde per Poloniam, Ungariam,
Austriam, Silesiam sparsus a
Summis Pontificibus firmatus , florentissimis accenseri
potest Sodalitiis ; quo anno
cœptus sit , incertum est.
   Ordo Crucigerorum cum
rubeo corde sive *Cyriacorum*
utrum a Cleto Pontifice, an
a Cyriaco Episcopo Hiero-
solymitano initium accepe-
rit, incertum , hodie Leo-
dii, Tornaci, Aquisgrani,
                          Co-

Coloniæ, alibique florentiſſi-
mus.

Patres, & Scriptores Græ-
ci tam ſacri, quam profani
præcipui.

SÆCULO I. Floruerunt.

PHilo.
Joſephus Scri-
ptor. Hiſt. Eccleſ.
& Judæor.
Hermes.

S. Clemens
Pontifex.
S. Dionyſius
Areopagita.

SÆCULO II.

S. Ignatius M.
S. Polycarpus
S. Juſtinus.
S. Melito.
Athenagoras.
S. Theophilus
Antioch.

Tatianus.
Hegeſippus.
Scriptor. Hiſt.
Eccleſ. cujus non
niſi fragmenta
exſtant.
S. Irenæus.

 SÆCU.

SÆCULO III.

Clemens Ale-xandrinus.	S. Gregor. Neo-cæfar. Thaumat.
Julius Africa-nus, Hift. Ecclef. cujus opus non comparet hodie.	S. Dionyfius Alexandr.
S. Hippolytus.	S. Methodius Tyrenfis.
Origenes.	S. Dorotheus Tyrenfis.
Ammonius.	

SÆCULO IV.

S. Antonius Magnus.	S. Ephrem.
S. Pachomius.	S. Bafilius.
S. Orefiefis, fi-ve Orofius, Hift. Ecclef.	S. Gregor. Na-zianz.
S. Macarius Senior.	S. Andreas Cæfarienf.
S. Athanafius.	S. Epiphanius. Philo Carpa-thius.
TitusBoftrenf.	S. Gregor. Nyf-fenus.
Dydimus Ale-xandr.	Amphilochius
S. Cyrillus Hierofolym.	S. Joan. Chry-foftomus.
Apollinarius.	

SÆ-

SÆCULO V.

Synesius.
S. Cyrillus Alexandr.
Theodoretus, Hift. Ecclef.
Proclus.
Socrates, Conftantinopol, Hift. Ecclef.
Sozomenus Hiftor. Ecclef.
S. Nilus.
S. Simeon Stylites.
Theodorus Presbyter.
Æneas Gazæus.
Ifidorus Pelufiota.
Gelaftus Cyzicenus.
Theodulus Presbyter.

SÆCULO VI.

Joannes Maxentius.
Anaftafius Sinaita.
Procopius Gazæus.
Joannes Climacus.
Evagrius Scholafticus. Hift. Eccl.

SÆCULO VII.

Hefychius Hierofolym.
S. Sophronius.
Joan. Mofchus, feu Eviratus.
Leontius.

An-

AntiochusMo-
nachus.
S. Maximus
Martyr.

SÆCULO VIII.

S. Germanus
Conftantinopol.

S. Joan. Da-
mafc.
Anton.Meliffa

SÆCULO IX.

S. Nicephorus
Conftantinopol.
Hift. Ecclef.
Simeon Me-

taphraft. Hift.
Eccl.
PhotiusConft.

SÆCULO X.

Leo Sapiens.
Marcus Erem.
Leontius By-
zantinus.

Mofes Bar-
cephas.

SÆCULO XI.

Georgius Ce-
drenus.
Joannes Cu-
ropalates.

Theophyla-
ctus.
Oecumenius.
Olympiodo-
rus.

SÆ-

SÆCULO XII.

Euthymius Zigabenus.	Joannes Zonaras.

SÆCULO XIII.

Nicetas Choniates

SÆCULO XIV.

Balaamus Hieracenfis.	Nicephorus Gregoras. Hift. Eccl.
Nicephor. Calliftus. Hift. Eccl.	Nicol. Cabafilas.

SÆCULO XV.

Laonycus Chalcondylas.	Jofephus Methonenfis.
Georgius Scholarius.	Georgius Protofyncellus.

Patres, & Scriptores Latini tam facri, quam profani celebriores.

SÆCULO III.

Tertullianus.	S. Cornelius Pap.
Minutius Felix.	S. Cyprianus. Pon-

Pontius Dia-conus.	S. Victorinus.
	Arnobius.
S. Zeno Ve-ronenfis.	Lactantius Firmianus.

SÆCULO IV.

Juvencus Pre-sbyter.	Fauftinus Dia-conus.
Julius Mater-nus.	S. Ambrofius.
	S. Philaftrius.
Lucifer Cala-ritanus.	IdaciusClarus.
	S. Hieronym.
C. Marius Vi-ctorinus.	Ruffinus. Hift. Eccl.
S. Hilarius.	Palladius Ga-lata.Hift.Eccl.
S. Gregorius Bœticus.	
	S. Gaudentius Brixienfis.
Sebadius.	
Eufebius Cæ-farienfis, Ep. A-rian. Hift.Ecclef.	Aurelius Pru-dentius.
	S. Chromatius.
S. Pacianus.	Severianus.
S. Damafus.	

SÆCULO V.

S. Auguftinus.	AufoniusPoët.
S. Maximus Taurinenfis.	S. Paulinus Nolanus.

Sul-

Sulpitius Se-
verus. Hist. Eccl.
Paulus Oro-
sius.
C. Sedulius.
Eusebius Eme-
senus.
S. Eucherius.
Claudianus.
Mamertus.
Sydonius
Apollinaris.
Joannes Cas-
sianus.
Vincentius Li-
rinensis.
S. Petrus Chry-
sologus.
S. Leo Magnus.
S. Hilarius
Arelatensis.

S. Prosper.
Arnobius Ju-
nior.
Salvianus.
Salonius.
Faustus Regi-
ensis.
Victor Uticen-
sis. Hist. Eccl.
Gennadius
Massiliensis.
Julianus Po-
merius.
S. Gelasius
Pap.
Gildas Sapiens.
Paschal. Diac.
Cardin.
S. Cæsarius.
Arelatens.

SÆCULO VI.

S. Fulgentius.
Ennodius Ti-
cinensis.
Petrus Diacon.

Ferrandus.
Eugippius Ab.
Marcellinus
Comes.

Al-

Alcimus Avitus.
Boëtius Severinus.
Dionyfius Exiguus.
Victor Africanus.
Aurelius Caffiodor. Hift. Eccl.
Vigilius Papa.
S. Victor Capuanus.
S. JuftusUrgelitanus.

Arator.
Junilius.
Martinus Dumienfis.
S. Dacius Mediolan.
Liberatus Diacon. Hift. Eccl.
Venantius Fortunatus.
Gregorius Turonenf. Hift. Ecclef.
S. Greg. Mag. Pap.

SÆCULO VII.

Jonas Anglus.
S. Ifidorus Hifpalenfis.
S. Eligius Noviomenfis.

Aponius.
S. Ildephonfus Toletanus.
S. JulianusEp. Toletan.

SÆCULO VIII.

S. Anthelmus.
BedaVenerab. Hift. Ecclef.

S. Bonifacius Moguntinus.
HadrianusPap.
Pau-

Paulus Diac. Hift. Ecclef.

Paulus Aquilejenfis.

SÆCULO IX.

Ufuardus Hift. Ecclef.

Pafchafius Ratbertus.

Claudius Scotus.

Jonas Aurelianenf. Epifcop.

Amalarius Fortunatus.

Nithardus.

Freculphus Lexovienfis.

Hilduinus Abbas.Hift. Eccl.

Theodulphus Aurel.

Rabanus Maurus.

Strabus Fuldenfis.

Albinus, feu Alevinus.

S. Eulogius Toletan.

Haymo.

Angelomus.

Valafridus Strabo.

Nicolaus I. Papa.

Anaftafius Bibliothecarius.

Hincmarus.

Joan. Diacon.

Eginhardus.

AdoViennenf. Hift. Ecclef.

Remigius Antifiodor.

Ambrofius Ansbertus.

SÆ-

SÆCULO X.

Rhegino Ab.
Radulphus.
Luitprandus.
Witichindus.

Stephanus Æduenſis,
Frodoardus.
S. Dunſtanus.

SÆCULO XI.

S. Fulbertus Carnotenſis.
S. Burchardus Vormat.
Berno Abbas.
Glaber Rudolphus.
Hermannus Contractus.
S. Leo IX. Pap.
Humbertus Cardinalis.
Petrus Damiani.
Lanfrancus Cantuar. Arch.

Adelmanus Brixienſis.
Guitmundus Averſonus.
S. Anſelmus Lucenſis.
S. Anſelmus Cantuar. Arch.
Bertholdus.
Micrologus.
Marianus Scotus.
S. Bruno Carthuſ. Pater.
Ivo Carnotenſis.

SÆCULO XII.

S. Anſelmus Laudunenſis.
Leo Oſtienſis.

Sigebertus.
Gaufridus Vindocinenſis.

Ru-

Rupertus Abbas Tuitienfis.

Algerus.

Petrus Venerabilis.

Hugo a S. Victore.

Richardus a S. Victore.

S. Bernardus.

Gratianus.

Petrus Lombardus.

Theorianus.

Hugo Etherianus.

Arnoldus Carnotens.

Joannes Sarisberiens.

Petrus Blefenfis.

Guilielmus Tyrius.

Otto Frifingenfis.

Petrus Comeftor, Hift. Ecclef.

SÆCULO XIII.

Innocent. III.

Helinandus Monachus.

S. Antonius Patavinus.

S. Raymundus de Pennaforti.

Jacobus a Vitriaco, Hiftor. Ecclef.

Alexander Alenfis.

Hugo de S. Caro.

Matthæus Parifienfis. Hiftor. Ecclef.

Martinus Polonus.

Vincentius Belloyalovacenfis Hift. Ecclef.

Henricus Card. Oftienfis.

Albertus Magnus.

Thomas Cantipratenfis.

S. Bonaventura.

S. Thomas Aq.

Petrus Tarentafienfis.

Guilielmus Durantes.

Ægidius Rom.

Raymundus Lullus.

Henricus Gandavenfis.

Jacobus Varangonius, Hiftor. Ecclef.

SÆCULO XIV.

Joannes Duns Scotus.

Auguftinus Triumphus.

Petrus Aureolus.

Durandus a S. Portiano.

Guilielmus Ochamus.

Nicolaus Liranus.

Pelagius Alvarus,

Petrus Paludanus.

Guido Carmelita.

Ludolphus Carthufianus.

Joannes de Baccone.

Simon de Caffia.

Idiota.

Henricus Sufo.

Francifcus Petrarcha.

Gre-

Gregorius Ariminensis, Hiftor. Ecclef.

Petr. de Natali.

SÆCULO XV.

Joannes Capreolus.

S. Vincent. Ferrerius.

Petr. de Alliaco.

Joannes Gerfon.

Thomas Valdenfis.

Auguftinus de Roma.

Paulus Burgenfis.

S. Bernardinus Senenfis.

Æneas Sylvius,

Script. Hift. Ecclefiaft.

B. Laurentius Juftinianus.

Nicolaus de Cufa.

Dionyfius Carthuf.

Thomas a Kempis.

Henricus Harphius.

Gabriel Biel. Hiftor. Ecclef.

S. Antoninus, Hiftor. Ecclef.

SÆCULO XVI.

Robertus Gaguinus.

Joannes Molanus Hift. Ecclef.

Sabellicus.

Joannes Trithemius.

Nicolaus Arpsfeldius. Hift Eccl.

Joan-

Joannes Bapt. Mantuanus.

Gilbertus Genebrardus. Hift. Ecclef.

Jacobus Sannazarius.

Joannes Francifcus Picus.

Joann. Major.

Joann. Fifcherus Roffenf. Ep.

Thomas Morus.

Martinus Alpilceuta Navarrus.

Ludovicus, five Aloyfius Lippomanus Hiftor. Eccl.

SÆCULO XVII.

Cæfar. Baronius Cardinalis. Hift. Ecclef.

Bellarminus Cardinalis.

Francifcus Suarez.

S. Salefius.

Richæleus Cardinal.

Dionyfius Petavius Hift. Eccl.

Miræus.

Henric. Spondanus. Hift. Eccl.

Matthæus Poleranus. Hift. Ecclef.

Joann. Bollandus. Vitar. Sanctor. Script.

Auguftinus Ribotus. Hift. Eccl.

Savinus Bernardinus. Hiftor. Ecclef.

Jacob.

Jacobus Gret-
ferus.

Alexander
Natalis.

Jacobus Sir-
mondus.

Joannes Ma-
billonius.

SÆCULO XVIII.

Edmundus
Martene, Com-
ment.

Auguftin. Cal-
met, Comment.

Chrift.-Lupus,
Decreta Synod.

Georg. abEck-
hart. Comment.

Honorat.Tour-
nely,Theol.Dog-
mat. Schol.

Ludovic. Tho-
maffinus,Difcipl.
Eccl.

Ludov.duMef-
nil, Hift. Eccl.

Joan. Laurent.
Berthi, Theolog.
Schol.

Ludov.Gotti,
S. R. E. Cardin.
Theol.

Franc. Anton.
Muratorius.

Franc.Schmalz-
grueber,JusCan.

Daniel Conci-
na, Theol. M.

AdrianusDau-
de, Hift. Eccl.

Benedictus
XIV. P. M. de
Canon. SS. De
Synod. Diœcef.
Bullarium. &c.

Et alii plurimi.

Collectores illustrium Scriptorum
& Conciliorum.

Anno
Æra vulg.

S. Hieronymus texuit Ca-
tal. Script. usque ad an.   410
Gennadius Massiliensis Presbyter, ad annum   -   -   490
S. Isidorus, cujus liber deVi-
ris Illustribus sub tituloS.Il-
dephonsiTolet.Ep.exstat -
Photius, scripsit Bibliothe-
cam 294. Auctorum   -
Sigebertus Gemblacensis, ab
anno 381 ad   -   -   1112
Ho-

Anno
Æræ vulg.

Honorius Auguſtodunenſis,
  usque ad annum -   - 1220
Henricus Gandavenſis, us-
  que ad annum   -   - 1280
Trithemius, a temporibus
  Apoſtolorum ad ſua usque
  tempora, ſeu ad annum - 1494
Geſnerus Conradus, ad an. 1555
Antonius Poſſevinus, in ſuo
  Apparatu ſacro & hiſtorico.
RobertusBellarminus de 400.
  Authoribus Eccleſiaſticis
  mentionem facit.
Aubertus Miræus, præter no-
  titiamEpiſcopatuum orbis,
  Geographiam Eccleſiaſti-
  cam, origines Ordinum
  Religioſorum, & alia plu-
  ra erudita, ſcripſit Biblio-
  thecam Eccleſiaſticam.
PhilippusLabbeus,Collectio-
  nes Conciliorum.
Gabriel Coſſartius, Collect.
  Conciliorum.

E 2   Joan-

<table>
<tr><td></td><td>Anno
Æra vulg.</td></tr>
<tr><td>Joannes Harduinus, Collect.
Conciliorum.</td><td></td></tr>
<tr><td>Josephus Hartzheim, Collect.
Conc. Germaniæ recentis-
sime anno   -   - </td><td>1759</td></tr>
</table>

◦(❧❧❧✝❧❧❧)◦

Patres & Scriptores
Ecclesiæ tam Græci,
quam Latini.
SÆCULO I. & II.

	Anno Æra vulg.
S. Martialis Martyr -	47
S. Clemens Romanus	76
S. Dionysius Areopagita	95
S. Ignatius Martyr	107
	S. Pa-

		Anno Æra vulg.
S. Papias	-	120
S. Quadratus	-	126
S. Justinus Martyr	-	150
S. Polycarpus	-	166
S. Theophilus Ep. Antioch.		170
S. Melito, cujus fragmenta solum exstant.	-	170
S. Dionysius Corinthius	-	170
S. Hegesippus, cujus solum fragmenta habentur.		180
S. Irenæus	-	180

SÆCULO III.

Clemens Alexandrinus	215
S. Hippolytus Martyr	222
S. Dionysius Alexandrinus	245
S. Cyprianus	258
S. Zeno Ep. & Martyr	260
S. Gregorius Thaumaturgus	265
S. Dionysius Romanus	272
S. Methodius	285

SÆCULO IV.

S. Pachomius	334
S. Hilarius Pictavienfis	360
S. Athanafius	371

E 3

S. Ba-

	Anno *Æra vulg.*
S. Bafilius Magnus	378
S. Ephrem	378
S. Optatus	380
S. Pacianus	380
S. Cyrillus Hierofolymit.	386
S. Gregorius Nazianzen.	390
S. Gregorius Nyffenus	393
S. Amphilochius	394
S. Sebadius	394
S. Ambrofius	397
S. Joan. Chryfoftomus	398
S. Hieronymus	399

SÆCULO V.

	Anno *Æra vulg.*
S. Epiphanius	403
Sulpitius Severus	410
S. Auguftinus	430
S. Paulinus Nolanus	431
S. Nilus	440
Vincentius Lirinenfis	440
S. Hilarius Arelatenf.	441
S. Cyrillus Alexandrinus	444
S. Petrus Chryfologus	451
S, EucheriusLugdunenf.Ep. fenior	454
S, Profper	454

Theo-

	Anno *Æra vulg.*
Theodoretus -	- 457
Salvianus -	- 460
S. Leo Magnus -	- 461
S. Maximus Taurinenf. Ep.	466
S. Gelasius Papa -	- 492

SÆCULO VI.

S. Fulgentius -	- 520
Dionyfius Exiguus -	- 527
S. Cæfarius Arelat. -	- 540
Joannes Climacus -	- 560
S. EuchëriusLugd.Ep.junior	562
S. Sulpicius Bitucenfis Ep.	570
S. Gregorius Turonenf.	574
S. Gregorius Magnus -	590

SÆCULO VII.

S. Sophronius Ep. -	- 634
S. Ifidorus -	- 636
S. MaximusAbbas &Martyr	652
S. Ildephonfus -	658

SÆCULO VIII.

S. Germanus Conftantinopol.	713
S. Gregorius II. -	- 715
S. Joannes Damafcenus	731

E 4   Be-

	Anno Æræ vulg.
Beda Venerabilis -	736
Paulinus Aquilejenfis -	794

SÆCULO IX.

S. Nicephorus Conftantinop.	806
Theodorus Studita -	820
S. Eulogius Martyr -	850
Nicolaus I. - -	858

SÆCULO X.

S. Otho Cluniacenfis -	926
S. Otho Cantuarienf. -	942
S. Dunftanus - -	961

SÆCULO XI.

Richardus a S. Victore	1030
Anfelmus Rhemenf. -	1050
S. Petrus Damianus -	1057
Anfelmus Lucenfis -	1071
S. Anfelmus Cantuarienf.	1078

SÆCULO XII.

S. Anfelmus Laudunenf.	1108
Hugo a S. Victore -	1130
Petrus Abbas Cluniacenf.	1130
Anfelmus Gemblacenf. -	1137
S. Bernardus -	1153
Petrus Blefenfis -	1193

SÆ-

Anno
Æra vulg.

SÆCULO XIII.

Innocentius III.	1200
S. Bonaventura	1256
S. Thomas Aquinas	1256

SÆCULO XIV.

Idiota, feu Raymund. Jordan.	1384

SÆCULO XV.

S. Vincentius Ferrerius	1410
S. Bernardinus	1439
S. Laurentius Juftinianus	1440
Dionyfius Carthufian.	1471

Perfecutiones Chriftia-
norum.

SÆCUL. I.	SÆCUL. III.
1 Sub Nerone.	5 Sub Severo.
2 Sub Domitia-no.	6 Sub Maximi-no.
SÆCUL. II.	7 Sub Decio.
3 Sub Trajano.	8 Sub Valerian.
4 Sub Antoni-no Pio.	9 Sub Aurelian.
	10 Sub Diocle-tiano.

tiano, & Maximiano.	**SÆCUL. VI.** Caruit.
SÆCUL. IV.	
11 Sub Constantio Ariano.	**SÆCUL. VII.**
12 Sub Juliano Apostata.	15 Sub Monothelitis.
13 Sub Valente Ariano.	
SÆCUL. V.	**SÆCUL. VIII.**
14 Persecutio Vandalica.	16 Sub Iconoclastis.

Initia Academiarum celebriorum.

In Germania.

	Anno Æræ vulg.
VIennensis in Austr. a Frid. II. Imp. fundata -	1237
Heidelbergensis a Ruperto I. Elect. Palat. -	1346
Pragensis a Carolo IV. Imp. -	1348

Erfor-

	Anno *Æra vulg.*
Erfordienfis a Senatu Civit.	1378
Colonienfis a Sen. Civit.	1385
Herbipolenfis a Joanne loci Epifc. - -	1403
Lipfienfis a Frid. I. Elect. Sax.	1409
Roftochienfis a Joanne & Alberto Ducibus Megapolit. & Sen. Civit. Roftoch. -	1419
Friburgenfis in Brifg. ab Alberto VI. Archid. Auftriæ	1456
Gryphiswaldenfis ab Uratislao IX. Duce Pomeran.	1456
Bafileenfis a Pio II. P. M.	1459
Ingolftadienfis a Ludov. Divite Duce Bavariæ	1472
Trevirenfis a Senatu Civit.	1472
Tubingenfis ab Eberhardo Duce Würtenbergiæ	1472
Moguntina a Diethero loci Archiep. - -	1477
Wittenbergenfis a Frid. III. Elect. Sax.	1504
Francofordienfis a Joach. Elect. Brandeburg. -	1506

 Mar_

Anno
Æræ vulg.

	Anno Æræ vulg.
Marburgenſis a Philippo Ma- gnan. Landgrav. Haſſiæ	1527
Argentinenſis a Sen. Civit.	1538
Regiomontana ab Alberto III. Duce Boruſſiæ -	1544
Jenenſis a Joan. Frid. Elect. Sax. - -	1548
Dilingana ab Othone Truch- ſeſſio S. R. E. Card. & Epiſc. Auguſtano -	1549
Olomucenſis a Guil. Pruſſ- mansky loci Epiſc.	1566
Altorfina a Sen. Norimberg.	1576
Helmſtadienſis a Julio Duce Brunsv. -	1576
Græcenſis a Carolo Archid. Auſtr. - --	1586
Gieſſenſis a Ludov. V. Land- grav. Haſſiæ Darmſtad.	1607
Paderbornenſis a Theodoro loci Epiſc. -	1616
Molshemienſis a Leopoldo Archid. Auſtriæ -	1618
Rintelienſis ab Erneſto Princi- pe Holſatiæ -	1620

Salis-

Anno
Æræ vulg.

Salisburgenfis a Paride loci
    Archiep.   -   1623
Bambergenfis a Melch. Otto-
    ne loci Epifc.   -   1648
Teutoburgenfis a Frid. Guil.
    Elect. Brandeb.   -   1655
Chilonienfis a Chriftiano Al-
    berto Duce Holfatiæ   1665
Oenipontana a Leopoldo Imp.
        -        -   1673
Hallenfis a Frid. III. Elect.
    Brandeb.   -   1694
Uratislavienfis a Leop. Imp.   1702
Fuldenfis ab Adolpho Princ.
    Fuld.   -   -   1734
Göttingenfis a Georg. II. E-
    lect. Hanov.   -   1737

In Italia & Sicilia.

Bononienfis fund. a Theodof.
    Jun. a Frid. II. Imp. illuftra-
    ta circa annum   1226
Salernitana a Frid. II. circa
    an.   -   -   1226
Ferrarienfis ab Eodem   1221
Patavina ab Eodem.   1222

Nea-

Anno
Æræ vulg.

Neapolitana ab Eodem   1239
Romana ab Innoc. IV. P. M.   1245
Firmana a Bonifacio VIII.
   P. M.   - -   1303
Pisana   - -   1339
Papiensis a Jo. Galeatio &
   Barnaba Vice - Comitibus
   Mediolan.   -   1361
Senensis   -   1380
Taurinensis a Ludov. Duce   1400
Mantuana a Jo. Franc. Gon-
   zaga March. I.   1432
Florentina a Cosmo Mediceo   1438
Maceratensis a Paulo III. P. M.   1540
Messanensis a Senatu Civit   1548
Parmensis a Rainutio I. Du-
   ce Farnes.   -   1606
Urbinensis a Clem. X. P. M.   1670
In Gallia, Burgund. & Lotha-
       ringia.
Montispessulana a Philipp II.
   Augusto Rege   -   1196
Parisina inchoata a Carolo M.
   Imp. an. 791. a Ludov. San-
   cto magis ornata   1232
Bitu-

	Anno _Æræ vulg._
Bituricenfis a S. Ludov. Rege Galliæ -	1260
Aurelianenfis a Philippo Pulchro circa annum	1300
Cadurcenfis a Joanne XXII.	1332
Andegavenfis a Ludov. II. Duce Andegav.	1398
Cadomenfis ab Henrico V. Rege Angl. - -	1418
Dolona a Philippo Bono Duce Burgund. -	1423
Pictavienfis a Carolo VII. Rege Gall. -	1431
Burdigalenfis a Senatu Civit.	1440
Vefontina a Nicolao V. P. M.	1450
Valentina a Ludov. Delphino Caroli VII. filio	1452
Nannetenfis a Pio II. P. M.	1460
Rhemenfis a Carolo Lotharing. Archiep.	1549
Muffipontana a Greg. XIII. P. M. -	1572
Sedanenfis ab Henrico Duce Bullion. -	1592

Aquen-

Anno
Æra vulg.

Aquenſis ab Henr. IV. Rege Gall. circa an.	1600
Flexienſis ab Eodem	1604

In Hiſpania & Luſitania.

Salmanticenſis a Ferdinando III. Rege Hiſp.	1239
Conimbricenſis a Dionyſio Rege Luſit.	1290
Ilerdana	1300
Toletana a Franc. Alvaro loci Archiep.	1499
Complutenſis a Franc. Ximenio S. R. E. Card.	1509
Granatenſis a Fernando Talabricenſi	1518
Cæſarauguſtana ab Hadriano VI. & Carolo V. Imp.	1522
Gandienſis a S. Franciſco Borgia, Duce Gandiæ, poſtea III. Gen. S. J.	1548
Oſumenſis a Ferdin. Mellamoro	1549
Eboracenſis ab Henrico S. R. E. Card. poſtea Rege Luſit.	1558

Tara-

Anno
Ære vulg.

Taraconenfis a Ceruante Gæ-
te S. R. E. Card. & Archiep. 1572
Efcurialis a Philippo II. Rege Hifp. - 1596

In Belgio Hifpanico.
Lovanienfis a Joan. IV. Du-
ce Brabant. - 1425
Duacenfis a Philippo II. Rege
Hifp. circa an. 1562

In Belgio Fœderato.
Franeckerana ab Ordin. Fri-
fiæ - 1585
Groeningenfis ab Ordin. Prov. 1612
Hardevicenfis ab Ordin. Gel-
driæ - 1655
Lugdunenfis a Guil. Principe
Araufionenfi - 1575
Ultrajectenfis ab Ordin. Bel-
gii - - 1634

In Anglia, Hibernia & Scotia.
Oxonienfis ab Henrico I. Re-
ge Angl. 1100
Cantabricenfis ab Eduardo I.
Rege Angl. - 1302
Dubli-

Anno
Æra vulg.

Dublinenſis a Joan. XXII.
P. M.   1320
Sanct - Andreana a quibus-
dam Mecœnat.   1411
Glasquenſis a Turnballo loci
Epiſc. - - 1454
Aberdonenſis a Guil. Elphin-
ſtone loci Epiſc. - 1480

In Polonia.

Cracovienſis a Caſim. M. Re-
ge Polon. - 1344
Poſnanienſis a Joan. Lubrans-
kio loci Epiſc. - 1499
Vilnenſis a Steph. Battori
Rege Polon. - 1576
Zamoſciana a Joan. Zamoſcio
Regni Cancell. - 1588

In Dania.

Hafnienſis ab Erico IX. Rege
Dan. - - 1418
Sorana a Chriſtiano IV, Re-
ge Dan. - 1623

In

Anno
Æra vulg.

In Suecia.

Upfalenfis a Sixto IV.   1477
Aboenfis a Chriftina Regina
    Suec.   -   1640
Londinenfis a Carolo XI.
    Rege Suec.   -   1668

In Livonia & Ingria.

Derpatenfis a Guft. Adolpho
    Rege Suec.   1632

In Ruffia.

Petropolitana a Petro I. M. cir-
    ca an.   -   1710

In Boruffia Polonica.

Braunsbergenfis a Gregorio
    XIII. P. M. circa an.   1572

Propagatio Fidei Romano-Catholicæ.

SÆCULO I.

FIdem a Chrifto D. in Palæftina
traditam Apoftoli per orbem di-
                 fperfi

fperfi propagarunt latiffime. Petrus & Paulus Romæ: Andreas in Scythia & Achaja : Philippus in Afia fup. prædicarunt. Thomas Parthis & Indis: Bartholomæus Armeniæ, Albaniæ & Indiæ citeriori: Matthæus & Mathias Æthiopiæ: Simon Mefopotamiæ & Perfidi: Judas Thadd. Arabiæ & Idumææ : Paulus denique Gentilibus variis Fidei lumen accenderunt.

Eodem Sæc. Jofephus ab Arimathæa Britannos: SS. Lazarus, Martialis, Crefcentius, & alii Gallos convertere cœperunt.

SÆCULO II.

Ad Chriftum adducti Edeffeni & Syri plurimi per S. Barfimæum.

Rheti per SS. Lucium & Emeritum MM.

Nervii & Morini per S. Fufcianum &c.

Angli cum Rege fuo Lucio per Ariftobulum Fugatium & Damianum.

Celtæ, Sequani, Allobroges per S. Irenæum.

SÆ-

SÆCULO III.

Gallia fere tota sub Imp. Severo.
'Arabia cum suo Principe per
Originem.

Scotia sub Donaldo Rege, Scandia, Suecia, Norwegia.

Imo teste Tertull. hoc Sæc, Fides ad omnes fere cogniti orbis
Regiones penetravit.

SÆCULO IV.

Erecta Romæ in Senatu aurea
Christi imago.

Conversi Indi Orient. Frumentii
miraculis permoti.

Magna Rom. Imperii pars sub
Constantino M.

Longobardi sub Agelmund. Rege.

Hunni per Theotimum.

'Marcomanni per suam Reginam.

Iberi cum Bacurio Rege per Christianam ancillam.

Nomadæ per S. Chrysostomum,

SÆCULO V.

Burgundi cum Gondesilo Rege
per Domitianum Genevæ Episc,
Gall

Galli cum suo Rege Clodovæo plenius.

Scoti plenius per S. Palladium.

Hiberni per S. Patritium.

Æthiopes sub Rege Abrahamo

Saraceni cum Rege suo Clamundaro.

Vindelici, Norici, Rugi &c. per S. Severinum.

SÆCULO VI.

Hispania & Occitania cum Reearedo Rege.

Boji sive Bavari cum Theodone III. Duce per S. Rupertum Episc. Salisb.

Longobardi plenius cum Adolpho Rege.

Picti per S. Columbanum.

Austrasii per S. Amandum.

Sardi Barbaricini auspiciis S. Greg. M.

Angli per S. Augustinum ab eodem S. Greg. M. missum.

Rex Saracenus cum suis denuo.

SÆCULO VII.

Flandri per S. Eligium.

Persæ plenius cum Rege Isaeman

Angli

Angli Orient. cum Rege Sige-
berto per S. Mellitum.

Germani, Batavi, Frifones, Saxones per SS. Suvibertum & Wil-
franum.

Franci Orient. per S. Kilianum.
SÆCULO VIII.
Alemanni per S. Corbinianum.

Avares cum Rege Tudone.

Saxones plenius per S. Ludge-
rum.

Brabanti per S. Humbertum.

Thuringi, Haffi &c. per S. Bonifacium.

SÆCULO IX.
Dani fub Rege Sueno.

Sclavi Dalmatiæ incolæ cum Su-
cropilo Rege.

Saxones denuo plenius anniten-
te Carolo M.

Hungari & Bulgari, cum Caca-
no Rege.

Ruffi fub Bafilio Macedone.

Nortmanni cum Godofredo Rege.
SÆCULO X.
Polonia cum Mieslao Principe.

Mo-

Moscovia cum Liberio Duce.

Prussia cum Vildomiro Duce.

Bohemi Ziptinaeo Duce.

Hungari plenius per S. Stepha-
num Regem.

Russi plenius per S. Bonifacium.

SÆCULO XI.

Pannonia & Regnum Toletanum.

Vindi, Sclavi, Saxones plene
per S. Helmannum.

Pomerani ac Stetinenses opera
Boleslai III.

Palæstina per Expeditionem Sacram ab Urbano II. sub Duce Godofredo Bullion. institutam.

SÆCULO XII.

Gothi & Livonii cum suis Regibus.

Finlandia per S. Henricum Ep.
& Mart.

Suecia per Nicolaum Breakiar,
postea Adrianum IV. P. M.

Soldanus Iconii instrui in Fide
petit ab Alexandro III. P. M.

SÆ-

SÆCULO XIII.

Tartaria cum Rege Caſſahan per Ord. SS. Dominici & Franciſci.

Livonia magis illuminata.

Pruſſi & Jaziges.

Armenia ad Fidem reducitur per PP. Dominicanos.

Regnum Cataji & Tibeti per B. Odericum ex Ord. S. Franc.

SÆCULO XIV.

Lithuania cum Jagellone, Boſnia cum Stephano Princip.

In Tartaria magis promovetur Fides auſpiciis Benedicti XII. P. M.

Cumani, Botznenſes, Lipnenſes, Patrini &c. adnitente Ludov. Hung.

SÆCULO XV.

In Epiro refloreſcit Fides.

Canarienſes per S. Didacum convertuntur.

Guinenſes, Angolani, Congenſes in Africa.

Hiſpania purgatur a 24000. Familiarum Judaic.

SÆCULO XVI.

India Orientalis & Occidentalis

a vaa variis Religiosis Ordinibus excolitur.

Japonia cum pluribus aliis Regionibus per S. Franc. Xaverium.

Sina per Patres Societatis JESU.

SÆCULO XVII.

Persia denuo per PP. Augustinianos & Carmelitas.

Nova Francia per PP. Capucinos & Soc. JESU.

Insulæ Marianæ per PP. Societ. JESU.

Argentoratum auctoritate & munificentia Ludov. XIV. Regis Gall.

SÆCULO XVIII.

Propagata magis Fides per omnes orbis plagas: in Sina maxime, Paraquaria &c. ubi nova indies Religio incrementa capit.

Insigne hoc etiam Sæc. augmentum Ornamentumque attulere Serenissimus Rex Poloniæ & Elector Saxoniæ Augustus III. Serenissimi Duces Bipontini Christianus & Fridericus Fratres, & Serenissimus Fridericus II. Hassiæ Landgrav. ad Fidem
dem

demRomano - Catholicam ab avitis erroribus reverfi.

Ritus Ecclefiaftici
Qui & quando fuerint
introducti.
SÆCULO I.

IMpofitio manuum in confecratio-ne Sacerdotum & Spiritus S. lar-gitione.

Celebratio Fefti Nativitatis Do-mini, Pafchatis, Afcenfionis, Pen-tecoftes.

Cantus Ecclefiafticus.

Ufus luminum fub re Divina.

Ufus Exorcifmorum ad abigen-dos dæmones & veneficia.

SÆCULO II.

Ufus Aquæ benedictæ ftabili-tur.

Fideles figno S. Crucis fe di-ftinguunt, & muniunt.

Jejunium quadragefimale, & quatuor temporum.

                    Epi-

Episcopi incipiunt dare itinerantibus litteras, quas *Formatas* dicebant.

Usus Catechismi pro instructione Catechumenorum.

Ritus velandi & consecrandi Virgines.

Collatio Baptismi in Paschate & Pentecoste tantum.

Asservatio SS. Eucharistiæ in Tabernaculo, & Ejusdem ad ægros deportatio.

Suffragia pro defunctis florent.

Tres Missæ festo Nativitatis permittuntur.

SÆCULO III.

Benedictio Cœmeteriorum pro sepultura Fidelium.

Celebratio Paschatis Dominica proxima post lunam decimam quartam.

SÆCULO IV.

Origo vitæ Monasticæ sub S. Antonio.

Celebratio diei Dominica a Constantino M. in toto Imperio indicitur.

Usus

Ufus VexillorumCruce fignato-
rum fub Conftantino M.

Divifio Cantus Ecclefiaftici in
duos Choros facta a S. Ambrofio.

Panes benedicti.

Ufus PalliiEpifcopalis.

Interftitia inter Sacros Ordines.

SÆCULO V.

Solennior Ritus confecrandi Ec-
clefias.

Dies Rogationum ante feftum
Afcenf. Domini a S. Mamerto Ep.
Vienn. inchoantur.

Benedictio Cerei Pafchalis.

Initium tertiæ partis Salutatio-
nis Angelicæ.

Celebratio fefti Purificationis
B. V. Mariæ.

SÆCULO VI.

Ufus Litaniarum in Gallia inchoatur.

Origo Beneficiorum Ecclefiafti-
corum.

Numeratio annorum a Chrifti
Nativitate.

SÆ-

SÆCULO VII.

Ufus Campanarum in Ecclefia Latina.

Feftum Exaltationis S. Crucis folennius celebratur.

Ufus Organorum & aliorum inftrumentorum Muficorum in Ecclefiam introducitur.

SÆCULO VIII.

Celebratio fefti Sanctorum omnium a·Greg. III. P. M. indicitur.

Ofculum pedum Pontificis.

CanonizatioSanctorum folennis.

Celebratio Octavæ B. V. Mariæ in cœlum affumptæ.

SÆCULO IX.

Symbolum Fidei in Miffa canitur.

Ufus Campanarum in Eccl. Græca.

Initium Titulorum S. R. E. Cardinalium.

Geftatio Crucis ante Pontificem.

Benedictio Palmarum.

SÆCULO X.

Campanarum benedictio & nuncupatio a variis Sanctis.

Pon-

Pontifices recens electi mutare nomina incipiunt.

Sodalitium pro juvandis Fidel. Defunctis Romæ erigitur.

SÆCULO XI.

Sabbatum speciali cultui B. V. Mariæ dedicatur.

Officium B. V. Mariæ inftituitur.

Nomen & Ufus *Difciplinarum*, feu publicarum flagellationum innotefcit.

Benedictio Rofæ aureæ.

Commemoratio omnium Fid. Defunct.

SÆCULO XII.

Celebratio fefti Immaculatæ Conceptionis in Græcia primum, & Lugduni inchoatur.

Ritus folenniores Miffæ adduntur ab Innoc. II. P. M.

Ritus Duplicis, femiduplicis in Horis Canon. inducitur,

SÆCULO XIII.

Feftum Theophoriæ in tota Ecclefia celebratur.

Ro-

Rosarium B. V. Mariæ studio S. Dominici propagatur.

Pulsus Campanæ ad elevationem Hostiæ & salutationem Angelicam.

Magisterium S. Palatii ab Honorio III. P. M. instituitur.

Initium Jubilæi 100. annorum.

SÆCULO XIV.

Celebratio Jubilæi reducitur ad an. 50. primum, dein ad 30.

Celebratio Festi SS. Trinitatis.

SÆCULO XV.

Jubilæum reducitur ad an. 25.

Initium Processionis solennis, circumgestando SS. Euchariftiam.

Indictio Annatarum.

S. Inquisitio in Hispania inchoatur.

Festum Præsentationis B. V. Mariæ incipit.

SÆCULO XVI.

Celebratio festi S. Josephi.

So-

Sodalitates Marianæ inchoantur a Joan. Leonis S. J.

Feſtum SS. Roſarii B. V. Mariæ de Victoria.

Comprecatio 40. horarum triduo ante-Cinerali.

SÆCULO XVII.

Celebratio Feſti & Officii de S. Angelo Cuſtode.

Communio Menſtrua pro Fidel. Defunct.

Sodalitas de bona Morte.

SÆCULO XVIII.

Mos ſalutandi obvios per notum illud : *Laudetur JEſus Chriſtus,* a Benedicto XIII. P. M. introducitur, & Indulgentiis roboratur.

Præfatio de SS. Trinitate ſingulis Dominicis, niſi obſtet propria, à Clem. XIII. P. M. præſcribitur.

Imperatores Romani.

	Anno Æræ vulg.
JUlius Cæsar ante Christum	58
Augustus ante Christum	30
Tiberius	14
Caligula	37
Claudius	41
Nero	54
Galba	68
Otho	69
Vitellius	69
Vespasianus	69
Titus	79
Domitianus	81
Nerva	96
Trajanus	98
Hadrianus	117
Antoninus	138
Marcus Aurelius, & Lucius Verus	161
Commodus	180
Pertinax	193
Didius Julianus	193
Severus	193
Caracalla, & Geta Frater	211

Ma-

	Anno *Æræ vulg.*
Macrinus, & DiadumenusFilius	217
Alagabalus, aliis Heliogabalus	218
Alexander Severus	222
Maximinus -	235
Gordianus -	237
Pupienus & Balbinus	237
Philippus, & Philippus ejus Filius -	244
Decius -	249
Gallus, & Volusianus ejusFilius	251
Æmilianus -	253
Valerianus -	253
Gallienus .	261
Claudius II. -	268
Aurelianus -	270
Tacitus -	275
Florianus -	276
Probus -	276
Carus, Carinus, & Numerianus Filii -	282
Diocletianus, & Valerius Maximianus -	284
Constantius Chlorus	305

Im-

Imperat. Byzantino-Romani.

	Anno *Æræ vulg.*
COnstantinus Magnus, primus Imp. Christianus	306
Constans, Constantius, & Constantinus Fratres	337
Julianus Apostata -	361
Jovianus - -	363
Valentinianus I. & Valens Fratres - -	364
Gratianus - -	367
Valentinianus II. -	375
Theodosius Magnus	379

Imperat. Occidentales, facta divisione.

HOnorius -	395
Valentinianus III.	424
Avitus	455
Majoranus -	457
Severus	461
Anthemius -	467
Anicius Olibrius	472

Gly-

	Anno *Æræ vulg.*
Glycerius - -	473
Julius Nepos - -	474
Romulus Auguftulus cæfus ab	
Odoacro - -	475

Reges Occiduō-Italici Interiminales.

Heruli, hodie Pomer.

Evocati ex Pannonia.

	Anno *Æra vulg.*
Odoacer Arianus	476

Oftrogothi.

Evocati ex Mæfia.

Theodoricus Arianus	493
Athalaricus - -	526
Theodatus - -	534
Vitiges - -	536
Theutobaldus, aliis Theobaldus	540
Alaricus - -	541

To-

		Anno *Æra vulg.*
Totila	- -	541
Tejas	- -	552
Narfes	- -	252

Longobardi.

Alboinus per Narfetem a So- phia Imp. offenfum evoca- tus ex Illyrico	-	568
Clepho	- -	572
Antharius	-	586
Agilulphus	-	590
Adaloaldus	-	616
Ariovaldus	-	624
Rotharis	- -	630
Rodoaldus	- -	646
Aripertus	-	641
Gondebertus, & Bertharitus Fratres	-	661
Grimoaldus, & Garibald.		662
Pertharitus	- -	671
Cunipertus	- -	688
Luitpertus	- -	700
Ragumpertus	-	701
Aripertus II.	-	702
Afprandus	-	712
Luitprandus	-	712

Hil-

	Anno *Æra vulg.*
Hildebrandus -	736
Rachis - -	744
Aiftulphus - -	749
Defiderius captus a Carolo M.	756

****

Imperatores Occidui
refufcitati.

Francici.

	Anno *Æra vulg.*
CArolus Magnus -	800
Ludovicus Pius -	814
Lotharius - -	840
Ludovicus II. -	855
Carolus II. Calvus -	875
Ludovicus III. Balbus	877
Carolus III. Craffus -	879
Arnulphus - -	888
Ludovicus IV. -	899

Germani.
Electi a Statibus Germaniæ.

Conradus I. Franco	911

Hen-

Anno
Æra vulg.

Henricus I. Auceps, Saxo	918
Otho I. Saxo, Magnus	936
Otho II. Saxo -	973
Otho III. Saxo -	983
Henricus II. Sanctus,Bavar.	1002
Conradus II. Salicus,Franco.	1024
Henricus III. Niger,Franco.	1039
Henricus IV. Franco.	1056
Henricus V. Franco.	1106
Lotharius Saxo -	1125
Conradus III. Suevus	1137
Fridericus Ænobarbus Suevus	1152
Henricus VI.Severus,Suevus	1190
Philippus Suevus	1197
Otho IV. Saxo Brunfvicenfis	1208

Electi a Septemviris.

Fridericus II. Suevus manu- tentus an. 1239. contra Greg. IX. a Septemviris	1212
Conradus IV. Suevus	1251
Rudolphus Habfpurgicus	1273
Adolphus Naffovius	1291
Albertus Auftriacus, cocles	1298
Henricus VII.Luxenburgicus	1309
Eudovicus V. Bavarus contra	

Fri-

	Anno
	Æra vulg.
Fridericum III. Auftria-	
cum an. 1322. victum	1314
Carolus IV. Rex Bohemiæ,	
AureæBullæ Norimbergæ	
ac Metis an. 1356. condi-	
tæ, & 30. Capita conti-	
nentis Author	1347
Wenceslaus, Bohemus	1378
Rupertus Palatinus	1400
Sigismundus Bohemus	1410
Albertus II. Auftriacus	1438
Fridericus III. -	1440
Maximilianus I. ad Zirlam	
per triduum in rupe devius	
ab Angelo venatoris fpe-	
cie falvatur. S. R. I. in de-	
cem circulos divifor an-	
no 1512. fuit. -	1493
Carolus V. Abdicator Imperii	1519
Ferdinandus I. -	1558
Maximilianus II. -	1564
Rudolphus II. - -	1576
Mathias - - -	1612
Ferdinandus II. -	1619
Ferdinandus III. -	1637
	Leo-

	Anno Æra vulg.
Leopoldus -	1658
Josephus -	1705
Carolus VI. -	1711
Carolus VII. Bavarus	1742
Franciscus Lotharingus	1745

(❧❧❧❧❧❧❧❧❧❧❧❧)

Imperator. Æmuli.

	Sub Imperio Imperatoris
R Udolphus Suevus) Conradus Franco)	Henrici IV.
Henricus Turingus } Guilielm. Hollandus }	Friderici II.
	Ri-

Richardus Anglus   ) Sub inter-
Alphonsus Castellan.) regno.
Eduardus Rex Angliæ ⎞
FridericusSeverusMis- ⎟
  nenfis   -   -   ⎟ Caroli IV.
Guntherus de Schwar- ⎟
  zenburg   -   ⎟
Fridericus Brunfvicen- ⎤ RupertiPa-
fis   -   -   -   ⎦ latini.

Imperatores
Græco- Orientales.

	Anno Æra vulg.
ARcadius Theodofii Filius Primo - Genitus -	395
Theodofius II. - -	408
Marcianus - -	450
Leo - - -	457
Zeno Ifauricus - -	474
Anaftafius Dicorus - -	491
Juftinus - - -	518
Juftinianus - -	527
Juftinus II. Curopalates	565
Tiberius Conftantinus II.	578
Mauritius Cappadox	582
Phocas	

	Anno *Æra vulg.*
Phocas - - -	602
Heraclius - -	610
Conſtantinus III. -	641
Heracleonas - -	641
Conſtans II. - -	642
Conſtantinus Pogonatus IV.	668
Juſtinianus II. - - -	685
Leontius - -	695
Tiberius Abſimarus -	697
Philippicus Bardanes -	711
Anaſtaſius II. - -	713
Theodoſius III. -	714
Leo Iſauricus - -	719
Conſtantinus V. Copronymus	741
Leo IV. - -	775
Conſtantinus VI. Porphyroge- nitus - - -	780
Irene Imperatrix -	797
Nicephorus Logotheta	802
Michaël Curopalates	811
Leo Armenus - -	813
Michaël II. Balbus -	820
Theophilus - -	829
Michaël III. - -	842
Baſilius Macedo -	867

Leo

	Anno Ære vulg.
Leo Philofophus	886
Alexander	911
Conftantinus VII. Porphyrogenitus	911
Romanus Porphyrogenitus	959
Nicephorus Phocas	963
Joannes Zemifces	969
Bafilius, & Conftantinus ejus Frater	975
Romanus Argyr.	1028
Michaël Paphlago IV.	1034
Michaël Calaphates	1041
Conftantinus Monomachus	1042
Theodora	1054
Michaël Stratioricus	1056
Ifaac Comnenus	1057
Conftantinus Ducas	1059
Eudoxia Imperatrix	1067
Romanus Diogenes	1068
Michaël Ducas	1071
Nicephorus Botoniates	1078
Alexius Comnenus	1081
Joannes Comnenus	1118
Emmanuel Comnenus	1143
Alexius II.	1180

An-

	Anno *Æræ vulg.*
Andronicus I. Comnenus	1183
Isaac Angelus Comnenus	1185
Alexius III. Angelus Comnenus	1195
Alexius Myrtylus	1204
Balduinus Flander	1204
Henricus Flander	1206
Petrus Curtiniacus	1216
Robertus Curtiniacus	1219
Balduinus II. Curtiniacus	1228
Joannes Lascaris	1259
Michaël Palæologus	1260
Andronicus II. Palæologus	1283
Andronicus III. Palæologus	1320
Joannes V. Palæologus	1341
Emmanuel-II. Palæologus	1391
Joannes VI. Palæologus	1424
Constantinus Palæologus a Mahomete II. an. 1453. cum Byzantii jactura victus	1445

Imperatores Turcici.
Sultani.

	Anno Æræ vulg.
OTtomannus I. Prufiæ	1300
Orchanes Filius	1328
Amurath I. Fil. Heros	1355
Bajazeth I. a Tamerlane captus, & caveæ inclufus	1385
Jofue, feu Ifa Filius	1399
Solimannus I. feu Mufulman Frater. Primus an. 1355. in Europam trajector	1399
Moyfe, feu Muftapha Frater.	1410
Mahomet I. Frater -	1413
Amurath II. Filius -	1421

Imperatores.

Mahomet II. M. poft Sultanatus biennium -	1451
Bajazethes II. - -	1481
Selimus I. - - -	1512
Solimanus II. Magnificus, Infulæ Rhodi an. 1523. contra Melitenfes occupator.	1520
Selimus II. Infulæ Cypri an.	1570

	Anno Æræ vulg.
1570. contra Venetos occupator - -	1566
Amurathes III. -	1574
Mahometes III. -	1594
Achmetes I. -	1604
Muftapha I. -	1617
Ofmanes -	1617
Amurathes IV. -	1623
Ibrahim I. -	1640
Mahomet IV. Infulæ Candiæ an. 1669. contra Venetos occupator, Moreæ vero an. 1686. amiffor.	1655
Soliman III. - -	1687
Achmetes II. - -	1691
Muftapha II. Hung. amiffor	1695
Achmet III. Moreæ contra Venetos an. 1715. recuperat. - -	1703
Mahomet V. -	1730
Muftapha III. - -	1757

Czari

Czari Magnæ Ruffiæ.

	Anno Æræ vulg.
JOannes I. jugi Tartarici A. 1477. excuffor	1450
Bafilius	1505
Joannes II.	1533
Theodorus I.	1584
Boris	1597
Theodorus II.	1605
Pfeudo Demetrius I.	1605
Bafilius Zuski a Polonis capt.	1606
Pfeudo Demetrius II.	1606
Uladislaus Poloniæ	1610
Pfeudo Demetrius III. Uladislai Æmulus	1611
Pfeudo Demetrius IV. dicti Uladislai Æmulus	1613
Michaël	1613
Alexius	1645
Theodorus III.	1676
Joan. III. cum Fratre juniore	1682
Petrus I. fine Fratre feniore	1688
Catharina Petri I. Vidua	1725

Pe-

	Anno Æræ vulg.
Petrus II. ex Alexio filio nepos	1727
Anna Joannis III. filia, Frider. Curlandiæ Ducis Vidua	1730
Joannes IV.	1740
Elisabetha Petrowna	1741

Reges Galliæ Christianissimi.

Merovingi.

	Anno Æræ vulg.
PHaramundus ord. I.	420
Clodio Crinitus	428
Meroveus	451
Childericus I.	456
Clodoveus I.	481

Chil-

	Anno Ære vulg.
Childebertus I.	511
Clotarius I.	511
Charibertus	561
Chilpericus I.	561
Clotarius II.	584
Dagobertus I.	628
Clodoveus II.	638
Clotarius III.	656
Childericus II.	656
Theodoricus I.	670
Clodoveus III.	690
Childebertus II. Juſtus	695
Dagobertus II.	711
Clotarius IV.	717
Chilpericus II.	719
Theodoricus II.	721
Childericus III. Stupidus	742

Carolini.

Pipinus Brevis	752
Carolus Magnus	768
Ludovicus I. Pius	814
Carolus II. Calvus	840
Ludovicus II. Balbus	877
Ludovicus III. & Caroloma- nus Fratres	879

Ca-

	Anno _Æra vulg._
Carolus III. Craſſus -	884
Odo, ſeu Budes, Comes Pariſin.	888
Carolus Simplex -	896
Rudolphus Burgundio -	923
Ludovicus IV. Transmarinus	936
Lotharius - -	954
Ludovicus V. Ignavus -	986

Capetii.

Hugo Capetus - -	987
Robertus - -	997
Henricus I. - -	1031
Philippus I. - -	1060
Ludovicus VI. Craſſus -	1108
Ludovicus VII. Pius -	1137
Philippus II. Auguſtus	1180
Ludovicus VIII. -	1223
S. Ludovicus IX. -	1226
Philippus III. Audax -	1270
Philippus IV. Pulcher	1285
Ludovicus X. Hutinus	1314
Philippus V. Longus -	1316
Carolus IV. Pulcher -	1321

Valeſii.

Philippus VI. - - -	1328

Joan-

Anno
Æræ vulg.

Joannes – –	1351
Carolus V. Sapiens – –	1364
Carolus VI. Amabilis	1380
Carolus VII. Victoriofus	1422
Ludovicus XI. – –	1461
Carolus VIII. Affabilis	1483
Ludovicus XII. Populi Pater	1498

Francifcus I. Pater Literarum
    a Carolo V. Imp. an. 1525.
    ad Papiam captus   1515

Henricus II. a Com. Montgo-
    mery in Palæftra occifus   1547

Francifcus II. – – 1559

Carolus IX. – – 1560

Henricus III. Guifiórum Fra-
    trum 2. occifor, ipfe a Ja-
    cobo Clement. a S. Cloud
    eodem anno interimitur.   1574

Burbonici.

Henricus IV. Magnus, Jefui-
tis, quos an. 1594. falfo de-
latos regno expulerat an.
1604. revocatis, ac Conftantinopoli an. 1609. collocatis,
cultro a Francifco Ravail-

G 3   lac

	Anno *Æra vulg.*
lac Parifiis in curru occidi-tur - -	1589
Ludovicus XIII. Juſtus	1610
Ludovicus XIV. Magnus	1643
Ludovicus XV. Lotharingiæ ex pace an. 1735. cum Gallia unitor - -	1715

Reges Hiſp. Catholici.
Caſtellani.

	Anno *Æra vulg.*
SAnctius Major ord. I.	1000
Ferdinandus Magnus I.	1033
Sanctius II. - -	1065
Alphonſus VI. -	1072
Alphonſus VII. -	1108
	Alphon-

	Anno *Æra vulg.*
Alphonsus VIII. Burgundus	1124
Sanctius III. - -	1157
Ferdinandus II. -	1158
Alphonsus IX. Bonus -	1158
Henricus I. - -	1214
Ferdinandus III. -	1217
Alphonsus X. -	1252
Sanctius IV. -	1284
Ferdinandus IV. -	1295
Alphonsus XI. Astrologus	1311
Petrus Crudelis -	1350
Henricus II. Nothus -	1368
Joannes I. - -	1379
Henricus III. Valetudinarius	1390
Joannes II. - -	1406
Henricus IV. - -	1454

Aragones.

Ferdinand. V. Cathol. ob Mauros an. 1492. ejectos ita dictus - -	1474

Austriaci.

Philippus Pulcher Austriacus	1504
Carolus I. Imp. V. Equitibus Rhodiis an. 1530. Melitam Ioh. dat feudatariam	1516

G 4

Phi-

Anno
Æra vulg.

Philippus II. an. 1566. Bel-
garum, Bredenrodio &
Naſſovio Ducibus, defe-
ctione turbatur   1555
Philippus III.   -   1598
Philippus IV. Luſitaniam an.
1580. per Philippum II. oc-
cupatam an. 1640. amittit.   1621
Carolus II.   -   -   1665

Burbonici.

Philippus V. contra Carolum
VI. Imp. Auſtriæ   -   1700
Ferdinandus VI. -   -   1746
Carolus III. Ferd. VI. Frater
prius Rex Neap. & Sicil. 1759

Re-

Reges Lusitaniæ,
Indigenæ.

	Anno Æræ vulg.
Alphonsus I. post Comites Rex	1139
Sanctius I.	1185
Alphonsus II.	1212
Sanctius II.	1233
Alphonsus III.	1246
Dionysius	1279
Alphonsus IV.	1325
Petrus I. Crudelis	1357
Ferdinandus I.	1367
Joannes Nothus	1385
Eduardus	1433
Alphonsus V.	1438
Joannes II.	1481
Emmanuel	1495
Joannes III. mediante S. Fr. Xaverio A. 1549. fidei lumen in Japoniam introducit	1521
Sebastianus A. 1576. in Africa cæsus	1557
Henricus	1578

Hi-

Anno
Æra vulg.

Hispani.

Philippus I.	-	1580
Philippus II.	-	1598
Philippus III.	-	1621

Indigenæ.

Joannes IV. Dux Bragantiæ	1640
Alphonsus VI. -	1656
Petrus II. -	1668
Joannes V. A. 1749. a Benedicto XIV. P. M. titulum *Fidelissimi* consecutus	1706
Josephus I. Emmanuel	1750

Reges utriusque Siciliæ.
Nortmanni.

Anno
Æra vulg.

Rogerius I.	-	1103
Wilhelmus I.	-	1154

Wil-

		Anno _Æræ vulg._
Wilhelmus II.	-	1166
Tancredus	-	1186
Wilhelmus III.	-	1195

Suevi.

Conftantia & Henricus VI. Imp.	-	1195
Fridericus Imp.	-	1198
Conradus	-	1250
Manfredus	-	1254
Copradinus captus & decapitatus A. 1269. ab Æmulo Carolo I. Andeg. per Clem. VII. protecto, in vefperis Siculis 1282. fugato		1265

Aragones.

Petrus & Conftantia Manfredi filia contra Carolum II. Andeg. captum		1284
Jacobus	-	1285
Fridericus II. Frater contra Robertum Andeg.		1296
Petrus II. contra eundem		1337
Ludovicus contra Joannam Roberti ex filio Neptem		

fu-

Anno
Æræ vulg.

fufpenfam , & Andream	
Hungariæ jugulatum	1342
Fridericus III. -	1355
Maria Filia , & Martinus Ju-	
nior contra Carolum Par-	
vum Andeg. -	1377
Martinus Senior contra La-	
dislaum Andeg.	1409
Ferdinandus contra Joan-	
nam II. CaroliParvi Filiam	1412
Alphonfus - -	1434

Sicil. Citer.	Sicil. Ulter.
Ferdinandus Fi-	Ferdinan-
lius 1458	dus Ca-
Joann. Alphon.	tholicus
Fr. 1458	ejus Fi-
Alphonf.II.1494	lius 1479
Ferdinand. 1495	
Fridericus	
pulfus a	
Regibus	
Gal. &	
Hifp. 1496	

Utrius-

Utriusque Siciliæ.
Hiſpani.

	Anno Æræ vulg.
Ferdinandus Catholicus	1503
Carolus I. Imp. V. ex Joan- na Filia Nepos	1516
Philippus I. - -	1555
Philippus II. - -	1598
Philippus III. - -	1621
Carolus II. - -	1665
Carolus Imp. VI. contra Phi- lippum V. Burbonium	1707
Carolus III. Burbon. armis Carolo VI. Imp. illatis	1734
Ferdinandus III.	1759

Reges Sardiniæ.

	Anno Æræ vulg.
CArolus II. Hiſpan.	1665
Carolus III. contra Phi- lippum V. Burbon.	1708

Vi-

Anno
Æræ vulg.

Victor Amadeus Sabaudiæ
Dux, Regni anno 1730. Ab-
dicator - - 1719
Carolus III. Emmanuel 1730

Reges Hungariæ.
Apostolici.

Indigenæ.

Anno
Æræ vulg.

S. Stephanus I. post Duces
. Rex - - 997
Ludovicus I. M. ord. 27. 1342
Maria Filia - - 1382
Carolus I. Parvus - 1385
Sigismundus Mariæ Maritus 1386

Eli-

Anno
Æræ vulg.

Elifabetha Filia, & Albertus
  Auftriacus Maritus   1437
Uladislaus Varnæ a Turcis
  A. 1444. cæfus   1440
Ladislaus V. Pofthumus   1444
Mathias I. Corvinus   1457
Uladislaus II. Bohemus   1490
Ludovicus II. Mohaczii a Tur-
  cis A. 1526. cæfus   1516

Auftriaci.

Ferdinandus I. Annæ Lud.
  II. Sororis Maritus, &
  Joan. Zapolii Tranfylvan.
  Princ. Æmulus   1527
Maximilianus I. Imp. II.   1562
Rudolphus I. Imp. II.   1574
Mathias II.   -   1609
Ferdinandus II.   -   1618
Ferdinandus III.   1635
Ferdinandus IV.   -   1647
Leopoldus Pius   -   1656
Jofephus Gloriofus   1687
Carolus II. Imp. VI.   1711
Maria Therefia Imp. a Clem.
  XIII. P. M. anno 1758. ti-
  tulo

	Anno Æræ vulg.
tulo Reginæ *Apoftolicæ* honorata - - -	1740

Reges Poloniæ.
Piaftæ,
A Piafto, id eft, Colono I. Duce ita dicti.

	Anno Æræ vulg.
BOleslaus I. Miecislai I. Catholici Ducis filius ab Othone III. Imp. An. 1024. Rex creatus - -	999
Miecislaus I. - -	1025
Cafimirus I. - -	1041
Boleslaus II. crudelis S. Stanis-	

Anno
Æra vulg.

nislai Ep. Cracoviæ pri-
mum, demum fui ipfius
carnifex. In fceleris pœ-
nam fucceffores ejus uf-
que ad An. 1295. Regis
titulo fuere fpoliati, Principes dicti   -   1059
Premislaus I.   -   1295
Uladislaus Rex II.   1296
Wenceslaus I. Rex Bohem. 1300
Cafimirus Rex II.   1333
Ludovicus M. Rex Hung.   1370

Jagellonici.

Ex Lithuania.

Uladislaus III. Jagello Lithua-
niæ cum Polonia unitor   1386
Uladislaus IV.   -   1434
Cafimirus III.   -   1447
Joannes I.   -   1492
Alexander   -   1501
Sigismundus I.   -   1507
Sigismundus II.   -   1548

Ex variis Nationibus.

Henricus Dux Andegavenfis 1574
Stepha-

Anno
Æræ vulg.

StephanusBattorius, Princeps
  Tranſylvaniæ contra Maxi-
  milianum Auſtriæ   1576
Sigismundus III. Rex Sueciæ 1587
Uladislaus V.   -   1632
Joannes II. Caſimirus abdica-
  tor Regni -   -   1648
Michaël Wiſniowiczky Li-
  thuanus   -   1669
Joannes III. Sobiesky Pol.   1674
Auguſt. I. Saxo contraP.Con-
  ty, & Stanisl. I. Leczinsky 1697
Auguſtus II. Saxo contra
  eundem Stanislaum I. Le-
  czinsky   -   1733

Reges

Reges Bohemiæ.
Ducibus interrupti.

	Anno *Æra vulg.*
WEnceslaus S. Ducum XV. -	916
Wratislaus Ducum XXIV. Rex creatus -	1086
Uladislaus Ducum XXXIV.	1159

Non interrupti.

Primislaus I. -	1199
Wenceslaus II. -	1230
Primislaus II. -	1253
Wenceslaus III. -	1284
Wenceslaus IV. -	1305

Exteri.

Rudolphus Auſtriacus	1306
Henricus Carinthiacus	1307
Joannes Luxemb.	1311
Carolus I. Imp. IV.	1346
Wenceslaus V. S. Joannis Nepomuceni 1383. interfector.	1376
Sigismundus Imp.	1419
Albertus Auſtr. Imp. II.	1438
Ladislaus Poſthumus	1440
Georgius Podiebrad	1458

Ula-

		Anno *Æræ vulg.*
Uladislaus II.	-	1471
Ludovicus	-	1517

Auftriaci.

Anna Soror, & Ferdinandus		
I. Imp. Maritus	-	1526
Maximilianus I. Imp. II.		1564
Rudolphus I. Imp. II.		1575
Mathias	-	1611
Ferdinandus II.	-	1617
Ferdinandus III.	-	1637
Ferdinandus IV.	-	1646
Leopoldus	-	1656
Jofephus	-	1705
Carolus II. Imp. VI.		1711
Maria Therefia Imp.		1740

Reges Angliæ.

Defensores Fidei ab An. 1521.

Saxones.

	Anno Æræ vulg.
Egbertus Regulis devictis	800

Dani.

Edmund. ord. 15.	1016

Nortmanni.

Wilhelmus I. Conqueſtor ord. 21.	1066
Wilhelmus II. Rufus	1087
Robertus	1099
Henricus I. Clericus	1100
Stephanus Bſeſenſis	1135

Andegavenſes.

Henricus II.	1154
Henricus junior Patri coronam ſibi cedenti præmortuus	1170
Richardus, Cor Leonis	1189
Arturus	1199
Joannes ſine terra	1201
Henricus III.	1216
Eduardus I.	1272

Eduar-

		Anno Æra vulg.
Eduardus II.	-	1307
Eduardus III.	-	1327
Richardus II.	-	1377

Lancastrii.

Henricus IV.	-	1399
Henricus V.	-	1412
Henricus VI.	-	1423

Eboracenses (York.)

Eduardus IV.	-	1461
Eduardus V.	-	1483
Richardus III. Dux Gloceſtriæ		1483

Tudorii.

Henricus VII.	-	1485
Henricus VIII. ſexies Mari- tus, ante apoſtaſiam a Leo- ne X. Defenſor fidei dict.		1508
Eduardus VI.	-	1547
Maria	- -	1553
Eliſabetha Mariam Stuartam Conſobrinam ſuam A. 1587. fidei odio capite plecti jubet		1558
Jacobus Rex Scotiæ, exem- ptus A. 1605. a conjuratio- ne pulveraria		1602

Caro-

	Anno *Æra vulg.*
Carolus I. An. 1649. a fubditis Rebellibus capite plexus	1626
Carolus II.	1648
Jacobus II.	1684
Wilhelmus III. Naffovius	1688
Anna	1702

Hannoverani.

Georgius I.	1714
Georgius II.	1727

Reges Scotiæ.
Stuarti.

	Anno *Æra vulg.*
RObertus II. ord. 100.	1370
Robertus III.	1390

Jaco-

	Anno Æræ vulg.
Jacobus I. -	1423
Jacobus II. -	1437
Jacobus III. -	1460
Jacobus IV. -	1488
Jacobus V. -	1513
Maria poſt 19. annorum car- cerem ſub Eliſabetha An- gliæ capite plectitur	1542
Jacobus VI. Stuartus, ſub quo Anno 1603. Scotia An- gliæ juncta -	1567
Reliquos vide ſub Regibus Angliæ.	

Reges Daniæ.

	Anno Æræ vulg.
Haraldus ord. 76.	930
Sueno	980
Canutus II. M. -	1014
Canutus III. -	1036
Magnus Norwegus -	1045
Sueno II. - -	1048
Haraldus II. Ignavus	1074
Canutus IV. Sanctus	1076

Olaus

	Anno _Æræ vulg._
Olaus	1088
Ericus III.	1095
Haraldus III.	1102
Ericus IV.	1134
Ericus V.	1139
Canutus V. & Sueno III. simul	1149
Waldemarus I. Dux Jutiæ	1160
Canutus VI.	1184
Waldemarus II.	1202
Ericus VI.	1242
Abel	1250
Chriſtophorus	1252
Ericus VII.	1259
Ericus VIII.	1286
Chriſtophorus II.	1321
Waldemarus III.	1338
Margaretha Regina cum Olao filio	1375
Ericus IX. Pomeranus	1412
Chriſtophorus III. Comes Palatin.	1438
Chriſtianus I. Comes Oldenburgicus	1448
Joannes	1481

	Anno *Æræ vulg.*
Chriſtianus II. Tyrannus	1513
Fridericus I. Pacificus, Lutheraniſmi introductor	1522
Chriſtianus III. -	1533
Fridericus II. -	1559
Chriſtianus IV. Proteſtantium contra Catholicos bello ſuſcepto Protector	1588
Fridericus III. Regnum electivum libera Statuum duorum Cleri & Populi, Nobilium vero coacta oblatione An. 1660. ſucceſſivum facit	1648
Chriſtianus V. -	1670
Fridericus IV. -	1699
Chriſtianus VI. -	1730
Fridericus V. -	1746

Re-

Reges Sueciæ.

	Anno Æra vulg.
ERicus X. Sanctus ord. 40.	1150
Carolus VII. Rex Gothiæ	1160
Canutus - -	1168
Suergerus II. -	1192
Ericus XI. - -	1210
Joannes I. Pius -	1218
Ericus XII. Balbus -	1222
Waldemarus Dux Gothiæ	1250
Magnus II. - - -	1276
Bigerus - -	1282
Magnus III. -	1326
Albertus Mecklenburgicus	1363
Margaretha Dana -	1388
Ericus XIII. -	1396
Christophorus Palatinus	1438
Carolus VIII. Filius Senatoris	1448
Joannes II. Rex Daniæ	1483
Christianus II. Crudelis, ex- términator Urbis Stockol- miæ An. 1519. -	1513
Gustavus I. Vasa, Luthera- nismi & Regni successivi introductor -	1521

 Eri-

	Anno *Æra vulg.*
Ericus XIV. - -	1560
Joannes III. - -	1568
Sigismundus - - -	1591
Carolus IX. - -	1599
Guftaphus Adolphus II. M. Germaniæ flagellum, An. 1632. in acie ad Lutzen occifus - -	1611
Chriftiana abdicato Sceptro Oeniponti An. 1655. fidem Catholicam profitetur.	1632
Carolus Guftav. Com. Palat.	1654
Carolus XI. - -	1660
Carolus XII. poft quinquen- nii ab An. 1709. in Turcia exilium, Fridrichshallæ A. 1718. in obfidione occi- fus - - -	1697
Ulrica Eleonora & Frid. Haf- fo - Caffelanus Maritus	1718
Adolphus Fridericus	1743

Reges

Reges Boruſſiæ.

		Anno Æra vulg.
FRridericus I.	-	1701
Fridericus II.	-	1713
Fridericus III.	-	1749

Electores S. R. I.

Introducti ſub Gregorio V. P. M. & Othone III. Imperatore juxta opinionem veroſimiliorem Philippi Brietii Abbavillæi S. J. juxta alios ſerius.

Electores Moguntini

Archi-Cancellarii, & Primates Germaniæ.

	Anno Æra vulg. Elect.

Epiſcopi.

S. Creſcens primus Epiſc.	80

Ar-

Anno
Æra vulg.
Elect.

Archi - Episcopi.

S. Bonifacius ord. 41. Frisiæ
    Apost. primus Archi-Episc.   745
Hatto II. Abb. Fuld. ord. 55.
    a muribus ob pauperes in
    horreo combustos, uti fer-
    tur, devoratus   967

Electores.

Willigisus Carpentarii filius,
    Humilis, ord. 57. primus
    Elector, & Insignium E-
    lectoralium cum Rota Au-
    thor.   -   -   977
Erkenboldus Abb. Fuld.   1011
Aribo Palatinus Rheni   1020
B. Bardo de Oppershofen Abb.
    Fuld. dictus Chrysostomus. 1031
Luitpoldus seu Leopold.   1051
Sigefridus I. Baro ab Eppen-
    stein Abb. Fuldens.   1059
Wezilo   -   -   1084
Ruthardus Abb. Erfurtens.   1088
Adelbertus I. Dux Lotharing. 1110

Adel-

	Anno *Æræ vulg.* Elect.
Adelbertus II. Com. a Sar- brugg. -	1138
Marcolphus -	1141
Henricus Felix -	1142
Arnoldus a Seelenhofen tru- cidatus a civibus	1153
Conradus Comes a Wittel- spach pulsus a Frid. I. Æ- nobarbo Imp. 1164. sed re- stitutus post Christianum	1162
Christianus Comes a Buche violente intrusus	1164
Sigefridus II. Baro ab Eppen- stein - -	1200
Sigefridus III. Baro ab Ep- penstein prioris nepos	1225
Christianus II. -	1249
Gerardus Baro abEppenstein	1251
Wernerus Comes a Falken- stein - -	1260
Henricus II. Pistoris filius, Franciscanus -	1286
Gerardus Baro ab Eppenstein	1288

H 4   Pe-

l

Anno
Æræ vulg.
Elect.

Petrus ab Aichſpalt Medicus,
  Epiſc. Baſileenſis   1304
Mathias Comes a Buchegg
  Abb. Murbac. Benedictin.   1320
Henricus III. a Virnenberg   1328
Gerlachus Comes Naſſoviæ   1353
Joannes I. Luxemburg. Co-
  mes S. Pauli   -   1371
Adolphus I. Comes Naſſoviæ 1373
Conradus II. Com. a Vinſperg 1388
Joannes II. Comes Naſſoviæ 1395
Conradus III. Wald-& Rhein-
  gravius   -   1419
Theodoricus Baro ab Erpach 1434
Dietherus Comes ab Iſenburg
  depoſitus A. 1461. & reſti-
  tutus poſt Adolphum II.   1459
Adolphus II. Comes Naſſoviæ 1461
Albertus I. Dux Saxoniæ   1482
Berthold. Com. ab Henneberg 1484
Jacobus a Liebenſtein   1505
Uriel a Gemmingen   1508
Albertus II. Marchio Bran-
                     deb.

	Anno *Æra vulg.* Elect.
deb. Cardinalis & Episcopus Halberstad. -	1514
Sebastianus ab Heissenstein	1545
Daniel Brendel ab Homberg	1556
Wolfgangus a Dalburg	1582
Joannes Adamus a Bicken	1601
Joannes Sweickhardus a Kronberg -	1604
Georgius Frider. a Greifenklau	1626
Anselmus Casimirus Wambold ab Umstadt	1629
Joannes Philippus a Schönborn, Episc. Herbip.	1647
Lotharius Frid. a Metternich	1673
Damianus Harthardus Baro de Leyen - -	1675
Carolus Henricus Baro a Metternich - -	1679
Anselmus Franciscus Baro ab Ingelheim - -	1679
Lotharius Franc. B. a Schönborn. Episc. Bamberg.	1695
Franciscus Ludov. Palatinus, prius Elector Trevirensis	1729

Joan-

	Anno Æra vulg. Elect.
Joannes Philippus B. ab Eltz	1732
Joannes Fridericus Carolus Comes ab Oftein	1743

Electores Trevirenses,
Archi - Cancell. Galliæ,
Juri hodie exemptæ.
Epifcopi.

	Anno Æra vulg.
S. Eucharius -	50
	Elect.
Manfuetus ord. 7. ad A.	168

Archi - Epifcopi.
S. Agritius , feu Agripinus,

ord.

	Anno Æræ vulg. Elect.
ord. 27. Primus Archi-Epifcopus - -	327

Electores.

	Anno Æræ vulg. Elect.
Ludolphus Dux Saxoniæ Elector I. Epifc. ord. 70.	998
Adalbero Comes Luxemb. S. Kunegundis Imperat. Frat. intrufus	1008
Mingardus - -	1008
S. Poppo Leopoldi Marchionis Auftriæ Filius	1016
Eberhardus Comes Palatinus	1047
Chuno, feu Conradus, occifus ab impiis - -	1066
Udo, vel Ado Comes a Nellenburg - -	1067
Engelbertus Bavarus -	1077
Bruno - -	1101
Godefridus Abdicator	1124
Megintherus pariter	1127
Adelbertus - -	1132
Hilinus, aliis Hilius	1152
Arnoldus I. feu Arnaldus	1169
Joannes I. - -	1190

 Theo-

Anno
Æræ vulg.
Elect.

Theodoricus Comes a Wied	1212
Arnoldus II. Com. ab Ifenburg	1242
Henricus a Vinſtingen	1261
Boemundus a Vofperg	1287
Dietherus, Com. Naſſoviæ Do-	
minic. Adolphi Imp. Fra-	
ter	1299
Balduinus Comes Luxemb.	
Henrici VIII. Imp. Frater	1307
Boemundus II. ab Edendorff	1354
Confadus Com. a Falckenſtein	1363
Wernerus Com. a Königſtein	1388
Otho Com. a Ziegenheim	1418
Rabanus ab Helmſtadt Abdi-	
cator	1430
Jacobus Baro a Sirck	1439
Joannes Marchio Badenſis	1456
Jacobus II. Marchio Badenſ.	1503
Richardus a Greiffenklau	1511
Joannes a Metzenhauſen	1531
Joannes Ludovicus ab Hagen	1540
Joannes Comes ab Ifenburg	1547
Joannes von der Leyen	1556
Jacobus ab Eltz	1567

Joan-

	Anno Ære vulg. Elect.
Joannes a Schönberg	1581
Lotharius a Metternich	1599
Philipp. Christoph. a Stötern	1623
Carolus Casp. von der Leyen	1652
Joan. Hugo Baro ab Oresbeck	1676
Carolus Joseph. Ignatius Dux Lotharingiæ, Episcop. Olomuc. Coadjutor	1711
Franciscus Ludovicus Palatinus, Ep. Wratislav. factus Elect. Moguntinus; abdicat An. 1729.	1716
Franciscus Georgius Comes a Schönborn	1729
Joannes Philippus a Walderdorf	1756

Electores Colonienses.
Archi - Cancellarii Italiæ,
Epiſcopi,

Anno
Æra vulg.

S. Maternus - - 88

Archi - Epiſcopi,

Elect.

Agilulphus ord. 25. primus
    Archi - Epiſcopus   747

Electores.

S. Heribertus Com. a Roten-
    burg ord. 40.   998
Peregrinus - - 1022
Hermannus II. Palat. Othonis
    II. ex Sorore Nepos   1036
S. Anno II. - - 1055
Hildolphus, aliis Hildholdus 1075
Sigevinus - - 1079
Hermannus III. Comes a Nort-
    heim - - 1089
Fridericus Marchio Forojul. 1099
Bruno II. Comes Altenæ 1131
Hugo Comes a Spanheim 1137

Ar-

Anno
Æra vulg.
Elect.

Arnoldus Comes Geldriæ ac-
cufatus de Simonia coram
Eugen. III. P. M. purgavit
se Romæ   -   -   1137
Arnoldus II. Comes a Wied 1151
Fridericus II. Comes Altenæ 1156
Rainoldus Comes a Taffel SS.
  3. Regum Mediolano, ut di-
  cunt, translator   -   1159
Philippus Com. ab Heinsberg 1167
Bruno III. Comes Altenæ fa-
  ctus ultro Monachus   1191
AdolphusComes Altenæ Fra-
  ter depofitus   -   1193
Bruno IV. Comes a Sayn   1205
Theodoricus Com. ab Hein-
  fperg excommunicatus   1208
S. Engelbertus Com. Mon-
  tenf. trucidatus   1216
Henricus I. a Mofenarck   1225
Conradus Com. a Hohenftadt 1237
Engelbertus II. a Falkenburg 1261
Sigefridus a Wefterburg   1275
Vichboldus Baro ab Holte   1298

Hen-

Anno
Æræ vulg.
Elect.

Henricus II. a Virnenburg	1306
Walramus Comes Juliac.	1331
Wilhelmus a Geneppe	1349
Joannes a Virnenburg	1363
Adolphus II. Comes Marchiæ, abdicat, & init matr.	1363
Engelbertus III. Comes Marchiæ - -	1364
Cuno de Falckenstein	1368
Frider. III. Comes a Sarwerden - -	1370
Theodoricus II. Com. a Mörs	1414
Rupertus Palat. -	1463
Hermañus IV. Landgr. Haſſiæ	1473
Philippus II. Comes a Dhyn	1508
Hermannus V. Comes a Wied, exauctoratus ob Apoſtaſiam	1515
Adolph. III. Com. a Schaumburg - -	1547
Antonius Comes a Schaumburg Frater -	1556
Joannes Gebhardus Com. a Mansfeld - -	1558
Frid. IV. Com. a Wied abdicat	1560

Sa-

Anno
Ære vulg.
Elect.

Salentinus Com. ab Isenburg
  abdicat, & init matrim.   1567
Gebhardus Truchsessius a
  Waldburg ob nuptias de-
  ponitur   -   -   1577
Erneftus Dux Bavariæ   1583
Ferdinandus Dux Bavariæ   1612
Maximilianus Henricus Dux
  Bavariæ   -   -   1650
Jofephus Clemens Dux Bava-
  riæ   -   -   1688
Clemens Auguftus Dux Ba-
  variæ   -   -   1723

Electores Bohemiæ
.R. I. Archi-Pincernæ.
Vide Reges Bohemiæ.

Ele-

Electores Bavariæ
S. R. I. Archi-Dapiferi, Duces.

Anno
Æra vulg.

Otto Major Wittelſpachius primus poſt Comites Dux 1180 Bavariæ & Palatinatus.

Ludovicus I.	-	1215
Otto Illuſtris	-	1231
Ludovicus II. Severus		1253

Bavariæ ſolius

Ludov. III. Imp. V.		1294
Stephanus I.	-	1347

Bavariæ in tres partes divifæ.

Ingolftadii

Stephanus II.	-	1392
Ludovicus Barbatus	-	1413
Ludovicus Gibboſus	-	1441

Landishuti

Fridericus	-	1392
Henricus Dives	-	1393

Lu-

	Anno Æra vulg.
Ludov. Dives Academiæ In-golſtad. A. 1472. Fund.	1450
Georgius Dives -	1479

Monachii .

Joannes	- -	1392
Erneſtus	- -	1397
Albertus III. Probus		1438
Albertus IV.	-	1460

Bavariæ totius

Wilhelmus IV.	-	1508
Albertus V.	-	1550
Wilhelmus V. Pius		1579
Maximilianus I. a Ferdinando II. Imp. A. 1623. Elector falutatus	-	1596
Ferdinandus Maria		1651
Maximilianus Emmanuel		1679
Carolus Albertus Imp. VII.		1726
Maximilian. Joſeph.		1745

Ele-

Electores Saxoniæ
S. R. I. Archi-Mareschalli,
& in partibus Saxoniæ Sede Imperatoria vacante Vicarii.
Anhaltini.

	Anno *Æræ vulg.*
BErnardus I. poſt Duces El.	1180
Albertus I. -	1212
Albertus II. - -	1260
Rudolphus I. - -	1308
Rudolphus II. -	1356
Wenceslaus -	1370
Rudolphus III. -	1388
Albertus III. -	1418

Miſnienſes.

Fridericus I. Bellicoſus	1423
Fridericus II. Placidus	1428
Erneſtus - -	1464
Fridericus III. Sapiens	1486
Joannes Conſtans, Lutheraniſmi introductor	1525
Joannes Fridericus captus ad Mülbergam, & depoſitus a Carolo V.	1532
Mauritius - -	1547

Au-

	Anno Æra vulg.
Auguftus I. - -	1553
Chriftianus I. -	1586
Chriftianus II. -	1591
Joan. Georgius I. -	1611
Joan. Georgius II.	1656
Joan. Georg. III.	1680
Joan. Georgius IV.	1691
Auguftus II. A. 1697. Catholicus, & Rex Poloniæ	1694
Auguftus III. -	1733

Electores Brandeb.
S. R. I. Archi - Camerarii,
Anhaltini.

	Anno Æra vulg.
Albertus I. Urfus, primus poft Marchiones Elector	1152
Otto I. - -	1170
Otto II. - -	1108

	Anno Æræ vulg.
Albertus II. -	1206
Joannes I. -	1221
Joannes II. -	1266
Otto III. Sagittarius	1285
Conradus I. -	1298
Joannes III. -	1304
Waldemarus I. -	1305
Waldemarus II. -	1319
Joannes IV. Improlis, Anhaltinæ 12. ac ultimus	1322

Bavari.

Ludovicus Senior Imperatoris Filius -	1322
Ludovicus II. Frater -	1351
Otto IV. Frater improlis, Caroli IV. Imp. gener.	1366

Bohemi.

Wenceslaus Caroli IV. Imp. Emptoris, filius	1373
Sigismundus Frater -	1378
FridericusBurggrav. Norimb. folutis Sigismundo A. 1411. 200000. florenis	1417
Fridericus II. Filius	1440

Al-

	Anno Æra vulg.
Albertus III. Ulysses	1471
Joannes V. Cicero	1486
Joachimus I. Nestor	1499
Joachimus II. Hector, Lutheranismi A. 1539. introduct.	1535
Joannes Georgius VI. Reform.	1571
Joachimus Fridericus III.	1598
Joannes Sigismundus VII.	1608
Georgius Wilhelmus I.	1619
Fridericus Wilhelmus III.	1640
Fridericus IV. Prim. Boruss. Rex	1688
Fridericus Wilhelmus V.	1713
Fridericus VI.	1740

Electores Palatini

S. R. I. Archi - Thesaurarii,

& in partibus Franconiæ Sede Imperatoria vacante Vicarii.

Duces.

	Anno Æræ vulg.
EBerhardus Franco, Conradi I. Imp. Frater, primus Dux ad An.	920
Hermannus I. Bavarus	939
Ehrenfridus - -	959
Otto - - -	1035
Henricus - -	1048
Sigefridus - -	1095
Wilhelmus - -	1113
Hermannus II. -	1140
Conradus Suevus -	1156
Henricus Saxo - -	1195
Ludov. Palatinatus & Bavariæ	1215

Electores.

Otto II. Illustris, Ducum 12.	1231
Ludovicus II. Severus	1253
Rudolphus folius Palatinat.	1294
Adolphus Simplex	1319
Rudolphus II. Cæcus	1327

Ru-

	Anno *Æræ vulg.*
Rupertus Rufus -	1353
Rupertus II. Tenax	1390
Rupertus III. Rigorosus	1398
Ludovicus III. Barbatus	1410
Ludovicus IV. Mansuetus	1439
Fridericus Victoriosus	1449
Philippus Ingenuus	1476
Ludovicus V. Pacificus	1508
Fridericus II. Sapiens, Frater Lutheranismi introductor.	1544
Otto Henricus III. Magnanim. Ludovici V. filius, sacrilegusque fidei Catholicæ, cum Marchione Durlacensi in lusu perditor	1556

Simeriani.

Fridericus III. Reformatus	1559
Ludovicus VI. Lutheranus	1576
Fridericus IV. Reformatus	1583
Fridericus V. Rex Bohemiæ, dictus Hyemalis, post Pragensem A. 1620. cladem, in Hollandiam profugus, Bohemia ac Palatinatu exuitur -	1610

	Anno Æra vulg.
Carolus I. - -	1650
Carolus II. - -	1680

Neoburgici.

	Anno Æra vulg.
Philippus II. Catholicus	1685
Joannes Wilhelmus	1690
Carolus III. - -	1716
Carolus Theodorus IV.	1742

* * * * * * * * * * * * * *

Electores Hannoveræ.
S. R. I. Archi-Vexilliferi.

	Anno Æra vulg.
ERneftus Aug. Luneb. post Duces primus	1692
Georgius I. - -	1698
Georgius II. - -	1727

Archi - Duces Auftriæ.
Suevi.

Anno
Æra vulg.

LEopoldus I. Illuftris, primus Marchio, creatus ab
Henrico I. Imperatore   928
Henricus II. Marchionum o-
&ctavus, Dux primus a Friderico Barbaroffa Imp. fa-
&ctus   -   -   1156
Fridericus I. Bellicofus, Ducum quintus, ✝ fine prole
mafcula.   -   1230

Bohemici.

Wenceslaus Monoculus, Rex
Bohemiæ jure filii fui   1246
Ottocarus III. filius Margari-
thæ. Frider. I. Sororis Marit. 1253

Habfpurgici.

Rudolphus I. Ottocari Impe-
ratoris debellator   1278
Albertus I. Filius   1282
Fridericus I. Pulcher, Filius   1308
Albertus II. Sapiens, Frater.   1330
Rudolph. II. Ingeniofus, filius. 1358

	Anno *Æra vulg.*
Albertus III. Aftrologus, Frater	1365
Albertus IV. Patiens, Filius	1395
Albertus V. Imperator, Filius	1404
Ladislaus Pofthumus, Filius	1439
Fridericus II. Placidus, Ernefti Ferrei (qui Alberti II. ex Leopoldo Patre Nepos erat) Filius. Imperatorum V.	1458
Maximilianus I. primus Archi- Dux a Patre in fuis cum Maria Burgunda nuptiis creatus	1477
Carolus I. Imperatorum V. ex Philippo I. Patre Nepos.	1519
Ferdinandus I.	1521
Maximilianus II.	1564
Rudolphus II.	1576
Mathias	1608
Ferdinandus II.	1619
Ferdinandus III.	1637
Leopoldus	1658
Jofephus	1705

Caro-

	Anno Æra vulg.
Carolus VI. - -	1711
Maria Therefia Imperatrix	1740

Magni Duces Hetruriæ.
Medici.

	Anno Æra vulg.
ALexander primus Dux	1531
Cofmus I. primus Magnus Dux - -	1537
Francifcus I. -	1574
Ferdinandus I. - -	1587
Cofmus II. - -	1608
Ferdinandus II. - -	1621
Cofmus III. - -	1670
Joannes Gafto - -	1723
Francifcus II. Lotharingus Imp. I. - -	1737

Du-

Duces Lotharingiæ.
Alfatiæ Comites,
E quibus ferie continua defcendunt Duces Lotharingiæ.

Anno
Annus initi regim. *Æra vulg.*

HUgo Comes Alfatiæ reli-
ctis tribus Filiis Eberhar-
hardo, Hugone, & Gon-
tramo totidem Stemma-
tum Pater, quorum primum
Alfatiæ Comitum Eberhar-
dum; fecundum *Comitum
ab Egensheim* Hugonem; ter-
tium *Habfpurgicum* Gontra-
mum celebrat Parentem.

Eberhardus Com. Alfatiæ,
Filius.

Adalbertus Alfatus Com. prioris filius, moritur   1034

Albertus Alfatus, filius ab Henrico III. Imp. Lotharingia
Superiore beneficii loco do-
natur A. 1036. moritur   1048

Gerardus Alfatus Frater Alberti, moritur   1046

Du-

Anno
Æræ vulg.

Duces Lotharingiæ.

Gerardus hoc nomine III. Comes Alſatiæ, in jura Patruelis Alberti Succeſſor, primus Dux Lotharingiæ creatur   -   -   1048
Theodorus ſive Theodoricus poſt Annum   -   1070
Simon I.   -   -   1115
Matthæus I. Pius   -   1139
Simon II. Abdicator A. 1205, mortuus 1207. Cœpit   1176
Fridericus I. Filius Matthæi I. 1205
Fridericus II.   -   1208
Theobaldus I. moritur A. 1220. ſine hærede   1213
Matthæus II. Frater Theobaldi 1220
Fridericus III. filius Matth. II. dictus *Juſtus*   -   1250
Theobaldus II.   -   1303
Fridericus IV. Prudens   1312
Rudolphus   -   1328
Joannes I.   -   1346
Carolus I. moritur ſine prole maſcula An. 1431. relictis

I 4   due-

Anno
Æræ vulg.

duabus Isabella (in quam
jus Lotharingiæ tranſtulit)
& Catharina Principibus . 1389
Renatus I. Andegavenſis
Rex Jeroſolym. & Siciliæ
per nuptias Iſabellæ Caro-
li I. filiæ Dux Lotharin-
giæ inauguratur.   Abdi-
cato Ducatu A. 1452. mo-
ritur 1480.   -   1430
Joannes II. Andegavens. Fi-
lius Renati I.   -   1453
Nicolaus Andegav. *Sapiens* 1470
Duces Lothar. non regnantes
Hæredes neceſſarii.
Fridericus Lotharing. Comes
Vaudemontius Frater Ca-
roli I. nat. A. 1373. mor.
1415.
Antonius Lothar. Com. Vau-
demontius filius Friderici,
Nepos Caroli I. nat. 1400.
moritur A. 1447.
Fridericus II. Lothar. Comes
Vaudemont. filius Antonii,
natus

Anno
Æræ vulg.

natus 1419. relicto filio Re-
nato II. moritur A. 1472.

Regnantes.

Renatus II. Lotharing. filius
  Friderici II. Com. Vau-
  demontii post mortem Ni-
  colai Andegavensis Dux
  Lothar. & Barri inaugura-
  tur   -   -   1473
Antonius dictus *Bonus,* filius. 1508
Franciscus I.   -   1544
Carolus II. Magnus -   1545
HenricusII. *Benefaciens* decef-
  fit fine prole mascula   1608
Franciscus II. antea dictus
  Vaudemontius filius Caro-
  li II. Eod. A. cedit filio
  Carolo III.   -   1625
Carolus III. cœpit regnare A.
  1624. quo Pater Francisc.
  II. fibi vendicavit Duca-
  tum; A. vero 1625. ite-
  rum a Patre Ducatum re-
  cepit   -   -   1625
Nicolaus Francisc. filius Fran-

I 5 cifci

Anno
Æræ vulg.

cifci II. per ceffionem Fra-
tris Caroli IV. Ducatum
obtinet - - 1634
Carolus IV. *Victor*, Dux Lothar. non poffedit quidem,
Dux tamen renunciatus
eft - - 1676
Leopoldus I. *Liberalis*, &
Pacificus mortuo Carolo
IV. An. 1690. per pacem
Riswicenfem poffeffio-
nem capit - - 1697
Francifcus III. Imp. & Magnus Dux Hetruriæ 1729
Stanislaus Leczinsky, Poloniæ Rex, per ceffionem, ac
pacem Viennenfem A.
1735. - - 1737

Duces

Duces Sabaudiæ.

	Anno *Æra vulg.*
Amadeus I. (familiæ VIII.) primus poſt Comites a Sigismundo Imp. A. 1416. factus Dux	1416
Ludovicus I. primus titulo Carolinæ hæredis uxoris fuæ, Cypri Rex	1434
Amadeus II.	1465
Philibertus I. Venator	1472
Carolus I.	1482
Carolus II.	1489
Philippus ſine terra	1496
Philibertus II. Pulcher	1497
Carolus III. Bonus, a Gallis A. 1535. Ducatu exuitur	1504
Emmanuel Caput Ferreum	1553
Carolus IV. Magnus	1580
Victor Amadeus I.	1630
Carolus Emmanuel V.	1638
Victor Amadeus II. primus Sardiniæ Rex, a Filio A. 1731. carcere detentus	1675
Carolus Emmanuel VI.	1730

Duces Mediolani.
Visconti.

Anno
Æra vulg.

JOannes Galeacius, primus
Dux - - 1396
Joannes Maria - 1402
Philippus Maria, Frater im-
prolis - - 1412

Sfortii.

Franciscus ob uxorem Blan-
cam, Philippi Mariæ Fi-
liam - - 1450
Galeacius Maria, Filius 1466
Joannes III. Galeacius 1477
Ludovicus Maria, Morus, pa-
truus a Gallis captus 1500. 1494
Ludovicus XII. Galliæ ob
Valentinam Aviam Joan-
nis I. Galeacii Filiam 1500,
Maximilianus I. valle Telli

A.

Anno
Æræ vulg.

A. 1512. Grifonibus, qua-
   druplici vero ad lacum ma-
   joremPræfectura Locarno
   Lugano, Mendrifio, Wal-
   magia cum 3. Superioribus
   Bellinzona, Riviera, Bre-
   gno, Helvetis fæderatis
   donata, a Gallis A. 1515.
   fugatur   -   1512
Francifcus II. improlis   1529

Habfpurgici.

Carolus I. Imp. V.   1535
Philippus I. Hifp. II. Lufita-
   niæ 1580. Affertor, Belgii
   vero FœderatiBriela 1571.
   deficiente, Claffisque *in-*
   vincibilis 1588. contra An-
   gliam Amiffor   1556
Philippus II. Hifp. III.   1598
Philippus III. Hifp. IV.   1621
Carolus II. improlis, ideoque
   horridi Belli caufa   1665
Philippus IV. Hifp. V.   1700
Carolus III. Imp. VI.   1707
Maria Therefia Imp.   1740

Duces Mantuani.
Gonzagæ.

Anno
Æræ vulg.

FRidericus I. primus poſt 4. March. per Carol. V. Imp. 1530. Dux , Montferratique 1536. Dominus	1519
Franciſcus I March. III. Fil.	1540
Guilielmus Frater	1550
Vincentius I. Filius	1587
Franciſcus II. March. IV.	1611
Ferdinandus Card. Frater	1612
Vincentius II. Card. improlis.	1626
Carolus I. Dux de Nemours Friderici I. ex Ludov. Patre natu min. Nepos, triennalibus Galliæ armis contra Cæſareo-Sabaudos adjutus 25. Xbr.	1627

Ca-

	Anno *Æræ vulg.*
Carolus II. ex Patre Carolo præmortuo Nepos	1627
Carolus III. ab Imp. Josepho exauctoratus, & ✝ 1708.	1637
Carolus IV. -	1665
Josephus I. Imp. -	1707
Carolus V. Imp. VI.	1711
Maria Theresia Imp.	1740

Duces Parmenses.
Farnesii.

	Anno *Æræ vulg.*

PEtrus Pauli III. Pont. Fil.
  primùs Parmæ, Placen-
  tiæ , ac Castri Dux
	1545

Octavius Filius -	1547

Ale-

Anno
Æræ vulg.

Alexander Fil. inclitus Philip-
  pi II. in Belgio Belli-Dux   1586
Rainutius I. Filius   -   1592
Odoardus I. Filius   -   1622
Rainutius II. Filius, Ducatus
  Caſtri 1649. contra Sedem
  Pontificiam amiſſor   1646
Franciſcus Filius   -   1694
Antonius Frater   -   1727
Carolus I. Burbonius titulo
  Eliſabethæ Matris, hære-
  dis ultimæ, Philippo V.
  Burbonio Hiſpaniæ Regi
  nuptæ   -   -   1731
Carolus II. Imp. VI. median-
  te Pace Viennenſi   1735
Maria Thereſia Imp.   1741
Philippus I. Infans Hiſpaniæ,
  per ceſſionem ultimæ pacis   1748

Duces

Duces Mutinenses.
Estenses.

	Anno Æra vulg.
BOrsus primus post 22. Marchiones Dux -	1452
Hercules I. - -	1471
Alphonsus I. - -	1505
Hercules II. - -	1534
Alphonsus II. - -	1558
Cæsar - -	1598
Alphonsus III. -	1628
Franciscus I. - -	1629
Alphonsus IV. -	1658
Franciscus II. - -	1662
Rainaldus I. Card. Patruus, Mirandulæ Picis Ducibus ab Imp. Josepho exauthoratis, fidelitate in Imperium & mediante emptione Anno 1711. factus Dominus	1694
Franciscus Maria	1737

Duces

Duces Meklenburg.

	Anno *Æræ vulg.*
ALbertus I. primus Dux	1349

Swerinenses.

Adolphus Fridericus	1592
Christianus Ludov. Cathol.	1658
Fridericus Wilhelmus	1692
Carolus Leopoldus Frater	1713
Christianus Ludovicus	1747
Fridericus	1756

Duces Holsatiæ.

Gottorpii.

ADolphus	1533
Fridericus I. frater	1586
Philippus frater	1587
Joannes Adolphus frater	1590
Fridericus II.	1616

Chri-

	Anno Æræ vulg.
Chriſtianus Albertus -	1659
Fridericus III. - -	1694
Carolus Fridericus -	1702
Carolus Petrus Ulricus	1739

Reſpublicæ

Hodie per Europam florentes.

Cum Duces Rerumpublicar. quidam biennales, quidam menſtrui, alii vero, etſi perpetui, ſerie tamen interrupta, neque Genealogica præſint, hic loci non cenſentur, ſed eorum loco Primordia præcipuarum per Europam hodie florentium Rerumpubl. ordine chronologico ſubjiciuntur.

Reſpublica Veneta. *Anno Æræ vulg.*

Omnium antiquiſſima eſt. Attila Hunnorum Rege in

ter-

terra firma fæviente, ever-
faque Aquileja urbe, Itali
plerique maximeForoJulien-
fes & Patavini in Adriatici
maris Infulas commigrantes
A. 421. Venetias exftruere
moliti funt; fenfim deinde
adolevit in Rempublicam,
poftquam 230. amplius an-
nis fub tribunitia poteftate
ftetit. Primus Dux Reipu-
blicæ Paulutius Anafeftus
conftitutus eft an. 709. Cœpit - - **421**

Respublica S Marini.

Perexigua hæc in territo-
rio Pontificio fita Respublica
libertatem fuam fub Pontifi-
cum Roman. clientela con-
ftanter & inviolate continuat
ab anno, quo cœpit - **630**

Respublica Genuenfis

Cum ab A. 660. Longo-
bardis primum, dein Regibus
Caroli-

Carolinis vectigales fuissent
Genuenses, in libertatem se
asseruerunt sub annum 935.
quo Saraceni navali prælio a
Genuensibus devicti sunt,
vel ut alii volunt citius, sci-
licet A.   -   - 900

Respubl. Helvetorum.

Fortis ac bellicosa natio
Helvetorum jam olim Julio
Cæsari multum negotii facef-
fiverat. Sub A. 430. Helvetia Burgundiæ, dein Regni
Arelatensis, ac tandem Imperii Romano - Germanici
pars facta est A. 1032. Con-
radi II. tempore. Ab hoc
anno Præfecti ab Impera-
toribus designati, eidem præ-
erant, qui cum populum ni-
miopere premerent, excusso
jugo, pulsisque, aut occisis
Præfectis, libertatem asse-
cuti sunt. Anno   -   - 1308

Res-

Anno
Æræ vulg.

Respublica Luccensis.

Diversis primum Dominis parebat, donec assentiente, actaque omnia rata habente Carolo IV. in libertatem se asseruit. Anno - - 1430

Respublica Batavorum, sive Hollandorum

Huic exordium dedit funestissima illa ab avita Religione defectio, & ex hac orti tumultus, quos, cum Philippus II. Rex Hispaniarum, cui tum suberant Batavi, dum de Egmontio, & Hornano nobilibus Batavis supplicium sumeret, sedare conatur, instigatore Arausicano Duce 7. ad ortum Provinciæ in rabiem actæ, icto foedere, quod dein A. 1648. per pacem Monasteriensem post 80. annorum bellum sta-

Anno
Æra vulg.

bilitum eſt , in liberam Rempublicam coaluere. Anno - 1579

Respublica Raguſana.

Respublica hæc exigua ea-
dem , qua Veneti Regiminis
forma utitur ; Ottomanno ,
Summo Pontifici, Imp. Rom.
Regi Hiſpan. & Venetis ve-
ctigalis ; ævo Uladislai XIII.
Dalmat. Regis inſtituta fertur.

Landgravii Haſſiæ.

Anno
Æra vulg.

HEnricus I. Infans, Hen- rici Magnanimi Braban- tiæ Ducis Filius -	- 1247
Otho I. -	- 1308
Henricus II. Ferreus -	- 1323
Hermannus I. Literatus -	1376
Ludovicus I. Pacificus -	1413

Haſſiæ

Anno
Æræ vulg.

Haffiæ.	Marpurgi.	
Ludovicus II.	Henricus III. -	1458
Pius - 1458	Wilhelm. III.	
Wilhelmus I.	Junior - -	1483
Senior-1471		
Wilhelm. II.		
Medius, Fra.		
1493		

Haffiæ totius.

Philippus Magnanimus, Wil-
helmi III. Filius, primus
Lutheranifmi 1527. intro-
ductor, a Carolo V. Imp.
ad Mühlbergam An. 1547.
captus   -   - 1509
Wilhelmus IV. Sapiens   - 1567
Mauritius fit A. 1605. Refor-
matus   - 1592
Wilhelmus V.   -   - 1627
Carolus   -   - 1663
Fridericus I. Rex Sueciæ - 1730
Wilhelmus VI.   -   - 1751
Fridericus II. an. 1754. Catho-
licus   - 1760

Prin-

Principes Transylvan.

	Anno Æra vulg.
Joannes Zapollus	1535
Joannes Sigismundus	1541
Stephanus Bathori I.	1571
Christophorus Bathori II.	1576
Andreas Bathori III.	1599
Stephanus Potschkay	1604
Sigismundus Ragoczy I.	1606
Gabriel Bathori IV.	1608
Gabriel Bethlem I.	1613
Stephanus Bethlem II.	1629
Georgius Ragoczy II.	1630
Georgius Ragoczy III.	1648
Achatius Bartcaay	1658
Michael Apaffi I.	1661

Anno
Æra vulg.

Michaël Apaffi II. improlis
† 1713. - - 1690
Leopoldus I. Auſtr. Imp. &c.
Reliquos vide apud Reges
Hungariæ.

M. Magiſtri Melitenſes,
Primo Hoſpitalarii S. Joannis
Inſtituti Bono Nationis Italicæ
in Palæſtinam peregrinantis.

Anno
Æra vulg.
El.

Jerofolymitani.

B. Gerardus a Thom	1099
B. Brocardus Rogerius	1118
Raymundus de Podio	1131
Augerius de Balben	1161
Albertus de Comps	1163
Gilbertus de Sully, abdicator, mergitur in Mari Britannico	1167
Gafto	1168

Ju-

	Ann. Æra vulg. El.
Jubertus, Syrus -	1169

Rogerius de Moulins, in acie
  ad Acre (Prolomaidem)
  cæfus - -
	1179

Garnerius de Napoli -	1187
Ermengardus de Apt, So- lymæ amiffæ teftis -	1188
Godofredus a Duiffon -	1192
Alphonfus a Portugal -	1194
Godofredus de Rat -	1194
Guerinus a Montagu -	1206
Bertrandus de Texi, abdu- ctus in fervitutem -	1230
Guerinus a Montagu -	1240
Bertrandus de Comps -	1244
Petrus de Villabrida -	1248
Guilielmus de Chateauneuf	1251
Hugo de Revel, Gallus. -	1260
Nicolaus de Lorgue -	1278
Joannes de Villiers, trans- latus in Cyprum -	1288
Odo de Pins, ✝ in itinere Romano -	1294
Guilielmus de Villaret. -	1296

Anno
Æræ vulg.
El.

Rhodii.

Fulco de Villaret, depositus
  A. 1316. restitutus post
  Mauritium A. 1322.   1308
Mauritius de Pagnac, intru-
  sus. † 1322.   -   - 1216
Leon de Villanova   - 1324
Deodatus de Gozon   - 1340
Petrus de Corneleau   - 1353
Rogerius de Pins   -   - 1356
Raymundus Berengarius   - 1365
Robertus Juliacensis   - 1378
Joannes Ferdinandus de He-
  redia, Arago   - 1379
Richardus Caraccioli ab Ur-
  bano VI. P. M. priori sub-
  stitutus   -   - 1383
Philibertus de Naillac   - 1390
Antonius Flaviani, de Ripa   1421
Joannes de Lastic, Gall.   - 1437
Jacobus de Milly, Gall.   - 1454
Petrus Raym. Zacosta   - 1461
Joannes Baptista Orsini   - 1467
Petrus d'Aubisson, Card. - 1476

Eme-

	Anno Æræ vulg. El.
Emericus d' Amboife -	1503
Guido de Blanchefort -	1512
Fabritius de Carretto -	1513

Melitenfes ab Anno 1530.

Philippus de Villiers l' Isle Adam - -	1521
Perinus de Ponte , Ital. -	1534
Defiderius a S. Jaille Gall.	1535
Joannes de Homedes -	1536
Claudius de la Sangle -	1553
Joannes de la Valette , Pa- rifot , - -	1557
Petrus de Monte -	1568
Joannes de la Caffiere I. l'Eveque - -	1572
Joannes de la Caffiere II.	1577
Hugo de Loubens , Gall.	1581
Martinus Garzias , Arago.	1594
Adolphus de Vignacourt	1601
Aloyfius Mendez de Vafcon- cellos - -	1622
Antonius de Paula , Gall. -	1623
Joannes Paulus Lafcaris	1635
Martinus de Reding -	1657

An-

	Anno Æra vulg. El.
Annetus de Gattan, Claro-montanus	1660
Raphaël Cotonier I.	1660
Nicolaus Cotonier II. frat.	1663
Gregorius Caraffa	1680
Adrianus de Vignacourt	1690
Raymundus Perillos de Ro-caful. Valent.	1691
Marcus Ant. Zondedari	1720
Antonius Manuel de Vilhe-na, Arago	1722
Raymund. Ant. de Pouch	1737
Emmanuel Pinto Lufitan.	1741
Marchio de Rohan Gall.	1758

M.

M. Magiſtri Teutonici.

Primo Hoſpitalarii, inſtituti
Bono Nationis Germanicæ in
Palæſtinam peregrinantis.

Anno
Æræ vulg.

Ptolomaide (Acre.)

Elect.

HEnricus Walpot a Paſſen-heim	1194
Otho de Karpen	1200
Hermannus de Bard	1206

Marpurgi Haſſiæ.

Hermannus de Salza, primus M. Magiſtri titulo decorat.	1211
Henricus ab Hohenlohe ad A.	1246
Conradus Landgrav. Thuring.	1247
Poppo ab Oſternau abdicat.	1253
Hanno a Sangerhauſen	1263
Hartmannus Comes ab Heldrungen	1274
Burchardus a Schwendi in prælio ad Acre cæſus	1283
Conradus a Feuchtwangen	1290
Godefredus ab Hohenlohe	1297

Ma-

Æra vulg.

Marienburgi Prussiæ.

Sigefridus a Feuchtwangen   1302
Carolus Beffard, Trevir.   1312
Wernerus ab Urselen, a Con-
   fratre occisus   -   1324
Ludgerus Dux Brunsv. - 1331
Theodoricus Comes ab Ol-
   denburg   - - 1335
Rudolphus König a Weizau
   factus delirus   - 1341
Henricus Düsner ab Arfberg
   resignat   - - 1345
Weinricus a Knippenrode   1351
Conradus Zöllner a Roden-
   stein   - - 1382
Conradus Tieber a Wallen-
   rode   - - 1390
Conradus a Jungingen - 1393
Ulricus a Jungingen, in præ-
   lio contra Polonos cæsus   1407
Henricus Reuß a Plauen I. de
   positus, ao ✝ in carcere   1410
Michael Kuchenmeister a
   Sternberg abdicat - 1413
                            Pau-

	Anno Æra vulg. El.
Paulus Bellizer a Rusdorf, depositus - -	1422
Conradus ab Erlichshausen, ultimus Prussiæ totius possessor. - -	1441
Ludovicus ab Erlichshausen, Poloniæ pro Prussiæ parte vasallus factus, ensis cuspidem humi inversam tenere cogitur, - -	1450
Henricus Reuss a Plauen II.	1467
Henricus Reffle a Richtenberg - -	1470
Martinus Druchsess a Wezenhausen -	1477
Joannes a Tieffen -	1489
Fridericus, Dux Saxoniæ	1498
Albrecht Marchio Brandeb. post abdicationem Dux Prussiæ in persona propria fact. - -	1510

Mergenthemii Franconiæ.

Walterus a Kronberg	1523
Wolfgangus Schutzbar	1543

Hen-

Anno
Æræ vulg.
EL

Henricus a Bobenhaufen   1563
Georg. Hund, a Menkheim   1572
Maximilian. Archidux Auftr. 1595
Carolus Archidux Auftriæ   1518
Joannes Euftachius a We-
   fternach ad A.   - 1625
Joannes Cafparus a Stadion
   ad An.   -   - 1630
Leopoldus Wilhelmus Archi-
   dux Auftriæ   1650
Carolus Jofephus, Archidux
   Auftriæ   -   - 1662
Joan. Cafp. ab Ampringen   1664
Ludov. Antonius, Palat.   1685
Francifcus Ludovicus, frater,
   Elector Trevirenfis, fubin-
   de Moguntinus   - 1694
Clemens Auguft, Elect. Co-
   lonienfis, Bavariæ Dux   1732

M. Magiſtri Templarii.

A contiguitate Templi Solymei ita dicti.

Primo Hoſpitalarii inſtituti bono Nationis Gallicanæ in Palæſtinam peregrinantis.

| | Anno Æræ vulg. El. |

HUgo de Paganis, primus cum 8. Sociis Author. 1118

Jacobus Molay, Burgundio, ultimus M. Magiſter, a Clemente V. P. M. in Concilio Viennenſi -- 8br Anno 1311. damnatus, depoſitus, ac ſæcularizatus, Pariſiis cum Guidone Delfini fratre ſub Philippo IV. Pulchro Galliæ Rege (qui jam 5. 8br. 1307. ad enormium ſcelerum per Prioris a Montfaucon, & Noſſo Dei Florentini Confratrum, pœnis irritatorum delationem, Gallos Equi-

tes

Anno
Æræ vulg.
Elect.

tes omnes capi fierat,)
cum totius Ordinis, 40000
in Gallia, Anglia, Hispania,
ac Lusitania Commendas
numerantis extinctione,
vivus comburitur - 1313

Comitia Imperii cele-
briora.

Anno
Æræ vulg.

IN Conventu Wormatiensi
Henricus V. Imp. dimit-
tit Callisto II. Pontif. In-
vestituram per Annulum
& Baculum, reservata
sibi Investitura per Sce-
ptrum - - 1122
Pax Publica Friderici I. Imp. - - -
Constitutio Friderici II. de Ju-
ribus Principum Ecclesia-
sticorum Francofordiæ 1220
De

De

Anno
Æræ vulg.

Au-

Anno
Æræ vulg.

Comitia Augustæ, ubi ordina-
  tur Regimentum Imperii. 1500

- Conftantiæ, ubi ordinatur
Matricula Imperii, & de-
terminatur, quid a fingulis
contribuendum pro Expe-
ditione Romana   - 1507

- Treviris & Coloniæ de
variis negotiis Ecclefiæ &
Imperii, item Conftitutio
de Notariis Publicis   - 1512

- Augustæ pro fubfidiis con-
tra Turcas (vulgo Türcken
Steuer)   -   - 1518

- Wormatiæ fub Carolo V.
ubi ordinatur Camera Im-
perialis: ftabilitur Pax Pu-
blica: dividitur Imperium
in 10. Circulos: reforma-
tur Matricula Imperii :
damnatur Lutherus, ejus-
que errores &c.   - 1521

- Spiræ de convocando Ge-
nerali Concilio pro com-
ponendis diffidiis Religio-
nis:

nis : item de fopienda re-
bellione fubditorum &c.   1526
— Ibidem inhæretur Manda-
tis contra Lutherum, con-
tra quæ proteftantur ejus
Sectatores; unde & *Pro-*
teftantes dicuntur: fit Conftitutio contra Anabapti-
ftas & Sacramentarios   1529
— Auguftæ, ubi offertur Lu-
theranorum *Confeffio*, a loco *Auguftana* dicta , cum
refutatione a Theologis
Catholicis inftructa. Re-
formatio Politiæ ibidem   1530
Conftitutio Criminalis Caroli V.   — 1532
Poft plures vias componen-
di diffidia Religionis fru-
ftra tentatas conftituit Carolus V. quid in Exercitio
Religionis *Interim* obfer-
vandum, donec congre-
getur Concilium Genera-
le. Auguftæ   1548
N-

Anno
Æræ vulg.

Ibidem renovata Pax Publica, & Politia Imperii   -

Transactio Paffavienfis Ferdinandi Regis Rom. cum
quibusdam   Principibus
Proteftantibus in cauffa
Religionis, ut neutra pars
alteri ratione Religionis
moleftiam inferret &c.   1552

Comitia Ordinum Imperii
Auguftæ, ubi confirmatur
Transactio Paffavienfis,
& conftituitur fic dicta
Pax Religiofa, quæ com-
prehendit addictos Confef-
fioni Auguftanæ, exclufis
Calviniftis   -   - 1555

Ferdinandi Imperatoris Ordinatio Monetalis Augu-
ftæ   -   - 1559

Comitia fub Maximiliano II.
de præfentibus bellis, figno campanæ fub meri-
diem ad fundendas contra
Turcas preces dando, Ju-
ftitia

Anno
Æræ vulg.

ftitia & Monetis. Augúftæ 1566
　　　　　　　　　　- & 1567
De fimilibus negotiis, & de
　Officinis Typographicis.
　Spiræ　　　-　　-　1570
Ordinatio Politica reformata
　Francofordiæ　　　-　1577
Pax Pragenfis inter Ferdi-
　nandum II. Imp. & Ele-
　ctorem Saxoniæ　　-　1635
Inftrumentum Pacis Cæfa-
　reo - Suecicum, vi cujus
　comprehenduntur etiam
　Calviniftæ, feu fic dicti
　Reformati fub nominePro-
　teftantium, & toleratur
　eorum Exercitium Reli-
　gionis juxta normam an-
　ni 1624. Osnabrugæ　-　1648
- Cæfareo Gallicum Mona-
　fterii Weftphaliæ　　-　-
Receffus Norimbergenfis de
　Executione Pacis Weft-
　phalicæ　　-　1649 & 1650
Comitia Ratisbonenfia, qui-
　　　　　　　　　　　bus

Anno
Æra vulg.

bus inseritur dictum In-
strumentum Pacis West-
phalicæ. Reformatio Ca-
meræ Imperialis &c.   1654

Ordinatio Consilii Aulici Im-
perat. Ibid.

Hic Ordinum Imperii Con-
ventus, & Recessus solet
dici *Novissimus*; post hunc
enim Legati Principum
manent Ratisbonæ con-
gregati usque ad hæc tem-
pora.

Inter varia Decreta & Ne-
gotia hujus perpetui Con-
ventus Ratisbonensis men-
tionem singularem meren-
tur

Ratificatio Pacis Novioma-
gensis   1679

Ryswicen-
sis, contra cujus Articu-
lum IV. de Religione Ro-
mana Catholica in locis
Imperio restitutis, in sta-
tu,

Anno
Æræ vulg.

tu, quo tunc erat, perma-
nente, proteſtantur Ordi-
nes Proteſtantes. - 1697
Decretum de Introductione
Ducis Brunſvicenſis, &
readmiſſione Regis Bohe-
miæ ad Collegium Electo-
rale - - 1708
Ratificatio Pacis Raſtadtien-
ſis & Badenſis - 1714
Ratificatio Pacis Viennen-
ſis inter Imperatorem &
Regem Hiſpaniarum - 1725
De abrogandis abuſibus O-
pificum - - 1731
Auctoritas præſtita Sanctio-
ni Pragmaticæ de Succeſ-
ſione Auſtriaca - 1732
Declaratur bellum Imperii
contra Regem Galliæ - 1734
Ratificantur Articuli præli-
minares Pacis inter Impe-
ratorem & Regem Galliæ 1736
Decernitur Armatura ad
Triplum contra Fride-
ricum

ricum III. Regem Bo-
russiæ - - 1757

* * *

Pugnæ.
Magis memorabiles,
Ab An. 1600.

1600 AD Nieuport, qua Comes
Nassovius Archiducem
Albertum fudit.

1601 12. Jun. ad Kochenhusium,
qua P. Razivilius, Gen. Polonorum Suecos cecidit.

2. Aug. qua Sigismund. Ba-
tori P. Transylvaniæ a Cæs.
Gen. Basta, & Michaele P.
Valachiæ cæsus est.

1603

1603 27. Maji. Navalis ad Ecluſe, qua Hollandi Claſſem Hiſpanicam profligarunt.

1607 25. Apr. Navalis in Freto Herculeo, qua Hemskirchius Adm. Hollandicus Claſſem Hiſpanorum vicit.

1610 18. Jul. ad Cluſinum, qua Poloni Moſcovitas fudere.

1612 12. Aug. ad Tergoviz, qua Baſſa Mahomet P. Moldaviæ Conſtantinum, & Potoki Gen. Polonorum profligavit.

1620 8. Nov. ad Pragam, qua Elector Bavariæ, & Comes Bucquoy Cæf. Dux Fridericum V. Electorem Palat. delevere.

1621 8. Sept. ad Choczin, qua Carolus Chodkieviz, eoq; mortuo Stanisl. Lubomirsky Oſmanem Turcarum tribus continenter diebus ceciderunt.

1622 6. Maji. ad Wimpinam, qua Comes Tillius Gen. Cæf. de March. Durlacenſi Victoriam retulit.

29. Aug.

29. Aug. ad Fleury, quà Gonzales Cordub. Gen. Hifp. Comitem de Mansfeld devicit.

27. Octob. Navalis, qua Dux Guifius Præf. Claffis Gallicæ cladem intulit Claffi Rupellenfi.

20. Jun. ad Höchft Mœni, qua Com. Tillius, & Gonzales Cordub. ceciderunt Ducem Brunsvicenfem.

1623 6. Aug. ad Statlo, qua Com. Tillius Ducem Brunsvicenfem cecidit.

1626 27. Aug. ad Luter, qua Comes Tillius copias Danicas delevit.

1629 24. Jun. ad Mannewerdas, qua Poloni Guftavum Adolphum Sueciæ fudere.

1631 7. Sept. ad Lipfiam, qua Guftavus Adolph. copias Imp. Ducibus Tillio, & Pappenhemio fudit.

22. Sept. Navalis ad Vianam, qua Hollandi Claffem Hifp. fub Com.

Com. Joan. Naſſovio profligarunt.

1632 21. Aug. ad Norimbergam ,
qua Comes de Wallenſtein
Dux Cæſ. Guſtavum Adolp.
cecidit.

16. Novemb. ad Lützen , qua Gu-
ſtavus Adolphus occiſus eſt.

1633 7. Jul. ad Hamelen , qua Dux
Luneburg. copias Cæſareas
ſub G. Merodio delevit.

6. Sept. ad Steinau, qua Com. de
Wallenſtein Suecos cecidit.

1634 3. Maji. ad Lignicium , qua
Saxones copias Cæſareas fudere.

18. Jul. ad Pragam , qua Cæſar
Electorem Saxoniæ, & Gen.
Banerium fudere.

6. Sept. ad Nörthlingam , qua
Rex Hungariæ, & Carolus
Lotharingiæ exercitum
Suecicum Weymario , &
Hornio Ductoribus cecide-
runt.

28. Sept. ad Argentinam , qua
Dux Lotharingiæ, & Joan.

de Werth D. Cæsarei Otho-
nem Comitem Rheni , Gen.
Suecicum fuderunt.

1635 20. Maji. ad Avennam , qua
G. Chatillon, & Breze Gall.
Exercitum Hisp. Ductore
Thoma Sabaudo, cecidere.

1636 4. Octob. ad Witstokium, qua
Gen. Banerius Saxones fudit.

1639 7. Maji ad Thionville , qua
G. Piccolomini Cæf. Gallos
ducente March. de Feuquie-
res fudit.

21. Octob. Navalis ad litora Angliæ, qua Trompius Præfectus
Classis Holland. Classem Hi-
spanam fudit.

1640 29. Apr. ad Cafal , qua Com.
Harcourt Gen. Gallorum Le-
ganiumGen. Hifpanum fudit.

1641 29. Jun. ad Wolffenbütel, qua
de copiis Gall. Hass. & Lune-
burgicis Archid. Leopoldus,
& Piccolomini triumpharunt.

1642 17. Jan. in Agro Kempensi ,
qua Guebriantius Gall. Cæ-

L

fareos

fareos fub Lambojo, & Mercio devicit.

26. Maji. ad Honnecourt, qua Hifpanorum Ductor Mello M. Gramontium cecidit.

2. Nov. ad Kingfton inter Regem Angliæ, & Parlamentarios.

2. Nov. ad Breitenfeld, qua Torftenfon Suec. Archiduc. Leopoldum, & Piccolomineum vicit.

1643 19 Maji ad Rocroy, quaDux Anguinius Franciæ Mello HifpanorumDuctorem delevit.

3. Sept. Navalis ad Cartagenam, qua Dux Breze Claffem Hifpanam fugavit.

29. Nov. ad Neuburi inter Regem Angliæ Carolum I., & Parlamentum.

24. Nov. ad Tutlingam, qua Dux Lotharing. Mercius, & Joan. Werthius Gallos fub G.Ranzov ceciderunt.

1644 26. Maji ad Badajos, qua Albuquer-

buquercius Gen. Lufitano-
rum, Hifpanos cecidit.

5. Aug. ad Friburgum,quaDux
Anguinius Bavaros fudit.

10. Sept. ad Pertham, qua Gen.
Montrofius Scotos Rebelles
difperfit.

23. Octob. Navalis ad Inf. La-
landiæ, qua Claffis Suecica
Danicam profligavit.

1645 6. Mart. ad Jancov, qua G.
Torftenfon.Cæfareos devicit.

24. Jun. ad Nærby, qua Gen.
Feürfax, & Cromvellus Ca-
rolum Regem fudere.

3. Aug. adNörtlingam,quaDux
Anguinius Cæfareo-Bava-
ros devicit.

25. Aug. ad Kylfyth, qua Gen.
Montrofius Scotos Rebelles
delevit.

23. Sept. ad Selkirch, qua Gen.
Leslo Parlamentarius C.
Montrofium cecidit.

1646 19. Octob. ad Rettimo, qua
Turcæ Venetos delevere.

1647 22. Aug. ad Tribelam Cæsareos inter, & Suecos.

1648 17. Maji ad Sommerhus, qua Vice - Com. Turrenius, & Gen. Wrangelius Cæsareos vicere.

20. Aug, ad Lens, qua Condæus, & Dux Anguinius Archiduc. Leopoldum ceciderunt.

27. Aug, ad Prestonum, qua Gen. Lambert, & Cromvellus D. Hamilton cecidere.

1649 12. Mart. Navalis in Portu Focchiensi, qua Classis Veneta Turcicam profligavit.

13. Jul. ad Zborowium, qua Casimirus Poloniæ Cosaco - Tartaros cecidit.

1650 13. Sept. ad Dumbar, qua Gen. Cromvel. Scotos delevit.

19. Octob. ad Rhetel, qua M. Plessi Gall. Hispanos sub Steph. Gamario, & Turrenio cecidit.

1651 30. Jun. ad Beresteskium, qua Rex Casimirus Cosaco - Tartaros cecidit.

2. Jul

3. Jul. Navalis ad Trio, qua Claſſis Veneta Turcicam devicit.

13. Sept. ad Worcheſter, qua G. Cromvel. Carolum II. Regem fudit.

1652 2. Jul. ad S. Antoine inter copias Regis Galliæ, & Malecontentos Condæo Ductore.

26. Aug. Navalis prope Plimuth, qua Ruiter Præf. Claſſis Seelandicæ Anglos ſub Ad. Aſcuino devicit.

2. Octob. Navalis ad oſtium Freti Gallici, qua Ad. Blaak Claſſis Anglicæ Præfectus, Hollandicam ſub Ad. Withio profligavit.

1653 1. Mart. Navalis prope Portland Trompium Præf. Claſſis Hollandiæ inter, & Blaakium.

12. Jun. Navalis prope Neuport qua Gen. Anglorum Monkius Hollandiæ Claſſis Præf. Trompium devicit.

10. Aug. Navalis prope Catvik,

qua

qua Blaakius Trompium de-
bellavit.

1655 21. Jun. Navalis ad Darda-
nellas, qua Claſſis Veneta
Claſſem Turcarum profligavit.

1656 26. Jun. Navalis ad Oſtium
Dardanellarum, qua Claſ.
Veneta Turcicam devicit.

30. Jul. ad Varſaviam inter Suecos & Polonos per triduum.

1657 30. Apr. Navalis prope Inſul.
Teneriffam, qua Præf. Claſ-
ſis Anglicæ Blaakius Naves
Hiſpanicas exuſſit.

3. Jun. ad Sendomir, qua Cæ-
ſareo-Poloni P. Ragotzium
cecidere.

1658 14. Jun. ad Dunas, qua Vi-
ce-Com. Turrenius Gallus
Joan. Auſtriacum, & Con-
dæum devicit.

8. Nov. Navalis ad Oſtium Maris Baltici inter Claſſem Sue-
cicam ſub Ad. Wrangel, &
Hollandicam ſub Ad. Opdam.

1659 24. Nov. ad Neuburg Daniæ,
qua

qua Dano - Hollandi Suecos
fudere.

1660 28. Jul. ad Polunskium , qua
Zarneskius, & Sapieha Poloni Moscovitas cecidere.

1661 27. Aug. Navalis ad Insulam
Mello , qua Classis Veneta de
Turcis Victoriam retulit.

1. Nov. ad Glembokiam, qua Poloni Moscovitas cecidere.

1664 1. Aug. ad S. Gothardum, qua
G. Montecuculi , & Fevilla-
de Turcas fudere.

1665 13. Jun. Navalis ad Litora
Suffolciæ , qua Dux Eborac.
Ad. Opdamum profligavit.

17. Jun. ad Villam Viciosam, qua
March. Marialvius Lusitan.
& Com. Schomberg Hispa-
nos repulerunt.

1666 14. Jul. Navalis ad Dunquerk,
qua Hollandi sub Ad. Ruiter
Classem Anglicam sub A.
Monkio profligarunt.

1672 7. Jun. Navalis ad Sultsbay
inter Classem Anglicam , &
Gallicam sub Duce Eboracen-

ſi, ac Com. Etreſio, & inter Claſſem Hollandicam ſub
Ad. Ruiter.

1673 7. Jun. Navalis ad Litora
Hollandiæ inter ClaſſemAn-
glicam, & Gallicam ſub P.
Roberto, & Com. Etreſio,
& inter Hollandicam ſub A.
Tromp. & Ruiter.

11. Nov. ad Chotzim, qua So-
bieski, Ductor Polonorum
Turcas cecidit.

1674 6. Jun. ad Sinzheim, qua Vi-
ce-Com. Turrenius D. Lotharing. & Com. Capraram de-
vicit.

11. Aug. ad Seneff inter Com.
Souche ex una, & Condæum
ex altera parte.

1675 11. Aug. ad Treviros, qua
Dux Lotharingiæ M. Cre-
quium devicit.

1676 11. Jun. Navalis prope Born-
holm, qua Claſſis Danica Sue-
cicam profligavit.

14. Dec. ad Lunden, qua Rex
Sue-

Sueciæ Regem Daniæ ceci-
dit.

1677 11. Apr. ad Montcastel, qua
Dux Aurelian. Ducem d'O-
range cecidit.

24. Jul. ad Landskron, qua Rex
Sueciæ Danos vicit.

1678 18. Jan. ad Rugiam, qua Com.
Königsmark Suec. Danos cecidit.

1683 12. Sept. ad Viennam, qua
Rex Poloniæ, & Dux Lo-
tharingiæ Turcas delevere.

9. Octob. ad Barkan, qua Rex
Poloniæ, & Dux Lotharin-
giæ Turcas fuderunt.

4. Decemb. ad Tilgrotin, qua
Poloni Turco-Tartaros de-
leverunt.

1684 22. Jul. ad Hangeberth, qua
Dux Lothar. Turcas cecidit.

1687 12. Aug. ad Mohaz, qua Dux
Lotharing. & Elect. Bava-
riæ Turcas attriverunt.

1689 30. Aug. ad Jagodina, qua
P. Ludov. Badensis Turcas
delevit.

24. Nov. ad Niſſam, qua P. Badenſis denuo Turcas cecidit.

1690 1. Jul. ad Floriacum Sabæ,
qua M. Luxemburg. Hollan-
dos ſub P. Waldek cecidit.

10. Jul. Navalis in M. Britan.
qua Com. Tourville Gallus
Claſſem Anglicam, & Hol-
landicam ſub G. Tromp, profligavit.

11. Jul. ad Boyne, qua P. Arau-
ſicanus Regem Angliæ de-
levit.

18. Aug. ad Staffart, qua M. Catinat Ducem Sabaudum fu-
dit.

1691 19. Aug. ad Salankement,
ubi P. Badenſis Turcas delevit.

1692 29. Maji. Navalis ad Hogui-
num, qua Ruſſel Anglicæ
Claſſis Præfectus Tourvil-
lium profligavit.

3. Aug. ad Stenquirk, quaDux
LuxemburgicusP. Arauſica-
num cecidit.

1693 17. Jun. Navalis ad Gades,
qua

qua M. Tourvillius Ad. Roo-
kium Angliæ devicit.

29. Jul. ad Neerwindam , qua
Dux Luxemburgicus P. A-
rauficanum cecidit.

4. Dec. ad Maffiliam , qua M.
Catinat Ducem Sabaudum
fudit.

1694 24. Maji. ad Bergam , qua M.
Noallius Hifpanos cecidit.

1697 11. Sept. ad Zentam , qua P.
Eugenius Turcas delevit.

1700 30. Nov. ad Narvam fluvium,
qua Rex Sueciæ Môfcovitas
cecidit.

1701 9. Jul. ad Carpi , qua P. Eugenius M. Catinat fudit.

10. Sept. ad Clari, qua P. Eugenius M. Villeroi cecidit.

1702 19. Jul. ad Cliffonium , qua
Rex Sueciæ Regem Poloniæ
cecidit.

26. Jul. ad Luzzara inter P. Eu-
genium, & D. Vendomium.

12. Octob. ad Fridlingam inter
P. Badenfem , & M. de Villars.

22. Octob. Navalis ad Vigos, qua Ad. Rookius devicit Claffem Gallico-Hifpanicam fub Chateu-Renaud.

1703 30. Jun. ad Eckern, qua M. Buffler Opdamum Gen. Hollandicum fudit.

20. Sept. ad Höchftädt, qua Elector Bavariæ, & M. Villars Comitem de Stirum cecidere.

14. Nov. ad Speirbach, qua M. Tallard Cæfareos fudit.

1704 2. Jul. ad Donawert, qua Fœderati fub P. Badenfi, & D. de Marlboroug Bavaros cecidere.

6. Aug. ad Sedburg, qua Gen. Löwenhaupt Suecus, & P. Sapieha Polonus Regem Auguftum vicere.

13. Aug. ad Höchftädt, qua P. Eugenius, & Dux de Marlboroug Electorem Bavariæ, & M. Tallard delevére.

24. Aug. Navalis ad Malaccam inter Claffem Fœderatorum fub Ad. Rookio, & Claffem Gal-

Gallicam fub Comite de Tou-
loufe.

7. Sept. ad Reuffen, qua Rex
Sueciæ Saxones fudit.

1705 21. Mart. Navalis ad Gibral-
tar, qua Ad. Leakius profli
gavit Claffem Gallicam fub
Bar. de Pointis.

- -Jul. ad Mittoviam, qua
Gen. Löwenhaupt Mofcos
fub Gen, Czeremet cecidit.

16. Aug. ad Caffano inter P. Eu-
genium, & D. Vendomium.

1706 13. Febr. ad Frauftadt, qua
Gen. Renfchild Suecus Saxones fub Gen. Schullemburg
fudit.

19. Apr. ad Calcinato, qua D.
Vendomius, Comit. de Ro-
wentlan Generalem Cæfa-
reum fudit.

23. Maji ad Ramellies, qua Fœde-
ati Gallos fub M. Villeroi cecidere.

7. Sept. ad Taurinum, qua Dux
Sabaudiæ, & P. Eugenius
- Gallos

Gallos fub D. Aurelianenfi delevere.

9. Sept. in Campo Solfarino, qua Com. Medavi P. Haffiæ vicit

1707 25. Apr. ad Almanza , qua D. Barwick Anglo - Lufitanos fub Gen. Galloway, & Das Minas fudit.

21. Octob. ad Prom. Lexart, qua Claffis Gallica fub Comite Fourbin Anglicam devicit.

1708 7. Jul. ad Aldenardam inter Exercitum Galliæ, fubVendomio , & Fœderatos.

29. Sept. ad Lezno, qua M. Mofcoviæ Dux cecidit Gen. Löwenhaupt.

1709 17. Jun. in litore Caya, qua March. de Bay Gen. Hifpanicus confecit Fœderatos.

8. Jul. ad Pultavam , qua M. Mofcoviæ Dux Regem Sueciæ debellavit.

11. Sept. ad Malplaquet , qua Fœderati Gallos fub M. de Villars vicère.

1710.

1710 10. Mart. ad Helfinsburg ,
qua Sueci sub Gen. Stein-
bock G. Razow Danum fu-
dere.
   21. Aug. ad Saragossa , qua Carolus III. Philippum V. devicit.
    9. Decemb. ad Brihuega , qua
Philippus V. Stanhoppium
Anglum fudit, ac cepit.
   10. Dec. ad Villam Viciosam inter Hispanos sub Vendomio,
& Fœderatos sub Comite
Stahrembergio.
1712 24. Jul. ad Denain , qua M.
de Villars D. Albermalium
devicit.
   20. Decemb. ad Gadebusch , qua
G. Steinbook Dano-Saxones
fudit.
1716 5. Aug. ad Petrowaradinum,
qua P. Eugenius Turcas profligavit.
1717 16. Aug. ad Belgrad , qua P.
Eugenius Turcas delevit.
1718 11. Aug. Navalis inter Anglos sub Ad. de Bings, & Hi-
spa-

fpanos fub Caftagneto in Fa-
ro Meffinæ.

1719 20. Jun. ad Francavillam Siciliæ, ubi Cæfarei fub G. Mercy, & B. Zumjungen Hifpa-
nos fub G. Ledé cadmea victoria fuperarunt.

21. Jun. ad Strahel Scotiæ, ubi
Anglo-Regii fub G. Wigr-
mansScoto-Rebelles fudere.

1731 14. Aug. ad Fiorenzo Corficæ, ubi Cæfareo-Genüen-
fes fub G. Wachtendonk, &
Vela, Baftia liberata, Rebelles fub G. Giafferi fuderunt.

1732 20. Jun. ad Oran Africæ, ubi
Hifpani fub G. Montemar ur-
be capta Exercitum 20000.
Barbarorum fuderunt.

5. Octobris ibidem, ubi Hifpani Algerinos 1500. clade attriverunt.

17. Octob. ad Ceutam Africæ,
ubi Hifpani obfeffi eruptio-
ne facta 6000. Maurorum cecidere.

23. Nov. ad Oran Africæ, ubiHi-
fpani

ſpani cladè ſuorum 2000. Algerinos majori adhuc ſtrage
fuderunt.

1733 - - - ad Choracem Schïrva-
niæ, ubi Moſci ſub P. Haſ-
ſo - Homburg Tartaros ſub
Sultano Fetigirey 2000. clade fuderunt.

1734 - - - Apr. ad Spinazzola Ba-
ſilicatæ, ubi Cæſarei ſubM.
Converſano Hiſpanos ſub Ca-
ſtropignano 2000. cæde fuderunt.

25. Maji ad Bitonto Apuliæ, ubi
M. Montemar Hiſpanus Cæ-
fareorum 8000. ſub P. Bel-
monte (200. Huſſaris ſolum-
modo pér avia dilapſis) in-
fauſte fudit, cepitque.

29. Jun. ad Parmam Inſubriæ, ubi
Galli ſub M. Coigny, & Broglio Cæſareos ſub M. Mercy
cæſo, cadmæa victoria fu-
dere.

15. Sept. ad Quiſtello Inſubriæ,
ubi Cæſarei ſub M. Königsegg
Gallo-

Gallo - Sabaudos fub G. Broglio 8000. clade fuderunt.

19. Sept. ad Luzzara Infubriæ, ubi
Gallo-Sabaudi fub M. Coigny,
& Sardiniæ Rege Cæfareos,
cæfo Ludovico Würtember-
gico pari pene clade vicerunt.

1736 20. Maji ad Precop Crimeæ,
ubi Mofci fub G. Münick Ka-
num Tartarorum, Affovia 28.
Jun. capta, profligarunt.

29. Jul. ad Ifola Roffa Corficæ,
ubi Corfi Rebelles Ligures
fub G. Marchelli fudere.

1737 12. Jul. ad Oczakow Ukra-
niæ, ubi Mofci fub G. Mü-
nick Turcas 136. Torm. mu-
nimenti & 18000. jactura
gloriofe fuderunt.

20. Jul. ad Vacup. Bofniæ, ubi
Turcæ Cæfareo-Croatas ob-
feffores fub Bar. Raunach
cæfo, 3000. ftrage fæde ceciderunt.

4. Aug. ad Banjaluka Bofniæ,
ubi Turcæ Cæfareos obfef-
fores fub P. Hildburgshaufen
plurium

plurium 1000. cæde infelici-
ter fuderunt.

28. Septemb. ad Widinum (Perſa
Palanka) ubi Cæſarei terra
ſub G. Kevenhüller, aqua
vero ſub Capitaneo Navali
Merlo, & Præſidiario Schil-
ling, Turcas utrínque ultra
quadruplum ſuperiores fide
germána, virtute maſcula
viri honorati repulere.

1738 4. Julii ad Corniam, ubi Magnus Dux Toſcanæ vicit Exercitum Turcicum.

15. Julii ad Meadiam, ubi Magnus
Dux Toſcanæ delevit Turcas.

1739 22. Aug. ad Kroskam inter
Cæſareos ſub M. Wallis, &
Turcas.

1741 10. April. in Sileſia ad Molo-
witz, ubi Rex Pruſſiæ cum
M. Neiperg conflixit.

3. Novembris ad Wilmanſtrand,
ubi Moſci de Suecis victoriam retulere.

1742 17. Maji ad Czaslaviam inter
Re-

Regem Prussiæ, & Princi-
pem Carolum Lotharingum.

1743 8. Februarii ad CampoSanto,
ubi M. Draun Hispanos profligavit.

9. Maji ad Braunau, ubi Princeps Carolus Lotharingus
victoriam retulit contra Bavaros.

27. Junii ad Dettingam, ubi Confœderati, sub Rege Angliæ
Gallos superarunt.

1744 22 & 23. Februarii ad Insulas
Stœchades (*Hieres*) pugna
navalis inter Anglicæ Classis Præfectum Mathews , &
Gallo-Hispanos.

1745 11. Maji ad Fontenay, inter
Regem Galliæ, & Confœde-
ratos sub Duce Cumberland.

4. Junii ad Strigau inter Regem
Prussiæ, & Principem Carolum Lotharingum.

30. Septembris ad Trautenau inter eosdem.

15. Decembr. ad Dresdam , ubi
Prussi Saxones cecidere.

1746.

1746 27. April. ad Culoden, ubi
Dux de Cumberland Rebel-
les Scotos profligavit.

15. Julii ad S. Lazaro, ubi Princeps de Liechtenstein Gallo-
Hispanos fudit.

10. Augusti in Placentino, ubi
Generalis Botta Gallo - Hispanos cecidit.

1747 14. Maji Navalis ad promon-
torium Finisterræ, ubi Angli sub Classis Præfecto An-
son, Gallos Præfecto de la
Jonquiere profligarunt.

1756 20. Maji Classis Anglica sub
Admirali Byngio cæsa ab
Admir. Gallico de la Gallis-
sonniere ad Minorcam Insulam.

1. Oct. Pugna inter Frid. III.
Regem Borussiæ, & Brou-
nium Ducem Austriacum :
æquo fere Marte ad Lowo-
sitzium in Bohemia

1757 6. Maji Frid. Rex Borussiæ
cruentam ab Austriacis victoriam retulit ad Pragam,
cujus

cujus & obfidio fecuta
eft.

18. Jun. Cæfus Rex Boruffiæ a
Daunio Duce Auftr. ad Pla-
nian in Bohemia liberata Pra-
ga ab obfidione, & tota Bohemia a Boruflorum infefta-
tionibus.

26. Julii cæfi Hannoverani &
Haffi confœderati fub Duce
Cumberlandiæ a Monf. d'
Etrees Duce Gallico prope
Haftenbeck in Hannovera.

30. Aug. Victi Boruffi fub Duce
Lehwald a Ruffis prope Gros-
Jägersdorf in Boruffia.

5. Nov. Profligatæ Copiæ Im-
periales Gallis conjunctæ a
Frid. Rege Boruffiæ ad Rofs-
bächium in Thüringia,

22. Nov. Boruffi cum magna clade expulfi caftris munitis ad
Uratislaviam in Silefia a Carolo Lotharingiæ Duce: oc-
cupata Uratislavia.

5. Dec. Auftriaci a Boruffis victi & fugati ad Liffam in Silefia:

lesia : capta rursus a Borussis Uratislavia cum ingenti praesidio.

1758 25. Jun. Galli sub Duce Clermontio caesi a Ferdinando Duce Brunsvicensi prope Crevelt ad Rhenum.

28. Junii Austriaci sub Duce Laudonio cecidere Borussos prope Domstattel in Moravia: secuta liberatio Ollomucii.

23. Jul. Caesi Hassi a Gallis ad Cassellum in Hassia.

25. Aug. Borussi cruentam a Russis victoriam retulere ad Zorndorf in Marchia nova Brandeb.

10. Oct. Hassi & Hannoverani victi & fugati sub Principe Isenburgico a Duce Soubisio Gall. haud procul Cassello in Hassia.

14. Oct. Borussi in munitis castris a Daunio Austr. circumventi, caesi, & fugati sunt ad Hochkirchium in Lusatia sup.

1759

1759 29. Martii claſſis Gallica ſub M. d' Arche haud procul monumento S. Davidis in America victa ab Admir. Anglico Pocockio.

13. April. Confœderati Hannoverani & Haſſi ſub Ferd. Duce Brunsvicenſi cæſi a Gallico Duce de Broglio prope Bergen in Franconia.

2. Julii cæſi ab Anglis Galli prope Oswego in Canada.

23. Julii Boruſſi a Soltikovio Ruſſorum Duce prope Zylichau in Marchia Brandeb. victi.

1. Aug. Galli ſub Duce Contadio prope Minden ad Weſeram a Ferdin. Duce Brunsvic. cruenta clade devicti.

12. Aug. Rex Boruſſiæ a Soltikovio Ruſſ. & Laudonio Duce Auſtriaco prope Gunersdorf. in Marchia Brandeb. victus, fugatusque.

18. Aug. Claſſis Gallica ſub Duce de la Clue ab Anglis figata ad fretum Gaditanum,

a L.

20. Nov. Classis Gallica sub Admir. Conflans ab Anglico Admir. Hawke cæsa & disperfa
ad Calonesum, vulgo Belle
Isle.

21. Nov. Boruslorum 14000. sub
& cum Finckio, aliisque 8.
Ducibus ad Maxen in Saxo-
nia post cruenta bidui prælu-
dia ab invicto Daunio capta.

1760

Paces

Magis memorabiles,

Ab An. 1600.

1604 INter Philip. III. Hispaniæ,
& Jacob. I. Angliæ.

1606 21. Octob. inter Imp. Rudol-
phum II. & Achmet I.

1615 - Maji inter Imp. Rudolph.
II. & Turcarum, Viennæ.

1618 Inter Gustavum Adolphum,
Sueciæ, & Michaëlem Mo-
scoviæ, Stockholmiæ.

1621 Inter Sigismund. I. Poloniæ,
& Osmanem I.

1625 Inter Imp. Ferdinandum II.
& Amurathem IV. nec non
Bethlehem Gabor Transyl-
vaniæ, in Campo Giermata.

1627 7. Sept. inter Imp. Ferdinandum II. & Amurathem IV.

1629 24. Apr. inter Ludovic. XIII.
Galliæ, & Carolum I. An-
gliæ, Susæ.

1630 13. Octobr. inter Imp. Ferdi-

                  nan-

nandum II. & Ludovic. XIII.
Galliæ, Ratisbonæ.

15. Novembr. inter Philip.
IV. Hispaniæ, & Carolum
I. Angliæ, Madriti.

1634 Inter Moschos, & Polonos.

1635 30. Maji inter Ferdinandum
II. Imp. & Joan. Georg. Elect.
Saxon. Pragæ.

1639 Inter Amurathem IV. & Rempublicam Venetam.

1645 13. Aug. Inter Christianum
IV. Daniæ, & Christinam
Sueciæ, Brsoenbrojæ.

1648 30. Jan. inter Philip. Hisp. IV.
& Provincias unitas Belgii,
Monasterii.

24. Octob. inter Ferdinandum III. Imp. & Ludovi-
cum XIV. Galliæ, Electores,
Principes, & Status Rom.
Imp. Monasterii.

- - nter Imperium, & Sue-
ciam, Osnabrugæ.

1654 5. Apr. inter Oliver. Cromvellum, & Provincias uni-
tas Belgii, Westmonasterii.

II.

11. Apr. inter Oliver. Cromvellum, & Chriſtinam Sueciæ, Upſaliæ.

10. Jul. inter Oliver. Cromvellum, & Joannem IV. Luſitaniæ, Weſtmonaſterii.

15. Sept. inter Frideric. III. Daniæ, & Oliver. Cromvellum, Weſtmonaſterii.

1655 2. Nov. inter Regnum Galliæ & Angliæ, Weſtmonaſterii.

1658 27. Febr. inter Carolum Guſtavum Sueciæ, & Frideric. III. Daniæ, Rotſchildæ.

1659 7. Nov. Pyrenæa inter Galliam, & Hiſpaniam, in Inſula Phaſianorum.

1660 3. Maji inter Joan. Caſimir. Poloniæ, Carolum XI. Sueciæ, Imp. Leopoldum, & Fridericum Wilhelmum Electorem Brandeburg. Olivæ.

27. Maji inter Frideric. III. Daniæ, & Carol. XI. Sueciæ, Haſniæ.

M 3

1661 1. Jul. inter Carol. XI. Sueciæ, & M. Mofcoviæ Ducem.
6. Aug. inter Alphonf. VI. Lufitaniæ, & Provincias Unitas Belgii, Hagæ.
1662 14. Sept. inter Carol. II. Angliæ, & Status Generales
Provinciarum Unitarum.
1664 10. Aug. inter Leopoldum I.
Imp. & Mahomet. IV.
1667 21. Jul. inter Ludov. XIV.
Galliæ, & Carol. II. Angliæ,
Bredæ.
31. Jul. inter Carol. II. Angliæ,
& Provincias Unitas Belgii,
Bredæ.
31. Jul. inter Frider. III. Daniæ,
& Carol. II. Angliæ, Bredæ.
1668 13. Febr. inter Carol. II. Hifpaniæ, & Alphonf. VI. Lufitaniæ, Ulyffipone.
2. Maji inter Galliam & Hifpaniam, Aquisgrani.
1669 5. Sept. inter Mahomet. IV.
& Rempublicam Venetam.
9. Apr. inter Alexium Mofcov.
&

& Michaëlem Poloniæ, Mo-
scuæ.

1672 18. Octob. inter Michaëlem
Poloniæ, & Mahomet. IV.

1674 9. Feb. inter Carol. II. Angliæ, & Provincias Unitas
Belgii, Westmonasterii.

1678 10. Aug. inter Ludovic. XIV.
Galliæ, & Provincias Uni-
tas Belgii, Noviomagi.

17. Sept. inter Ludovicum XIV.
Galliæ, & Carol. II. Hispaniæ,
Noviomagi.

- - - Inter Poloniam, & Tur-
ciam.

1679 5. Feb. inter Imp. Leopold. I.
& Carol. XI. Sueciæ, No-
viomagi.

5. Feb. inter Imp. Leopold. I. &
Ludov. XIV. Noviomagi.

2. Sept. inter Ludovicum XIV.
Galliæ, & Christianum V.
Daniæ a Fontainebleau.

12. Octob. inter Carolum XI.
Sueciæ, & Provincias Uni-
tas Belgii, Noviomagi.

 In-

- - - - Inter Regem Poloniæ, &
Imp. Turcarum.

1684 15. Aug. Armiſtitium Vicen-
nale inter Leopold. Imp. &
Ludov. XIV. Regem Galliæ,
Ratisbonæ.

1686 25. Apr. inter Moſcoviam, &
Poloniam, Moſcuæ.

1697 20. Sept. inter Ludov. XIV.
Galliæ, & Provincias Uni-
tas Belgii, Ryſwicii.

20. Sept. inter Wilhel. III. Angliæ, & Ludovic. Galliæ,
Ryſwicii.

20. Sept. inter Ludovicum XIV.
Galliæ, & Carolum II. Hi-
ſpaniæ, Ryſwicii.

30. Octob. inter Imp. Leopold.
& Imperium ex una, & Lu-
dov. XIV. Galliæ ex altera
parte, Ryſwicii.

1698 25. Decemb. inter Imp. Turcarum, & Czarum Moſcoviæ,
Carlovicii.

1699 25. Jan. inter Imp. Leopold.
I. & Muſtapham II. Carlo-
vicii.

26.

26. Jan. inter Auguſtum Poloniæ,
& Imp. Turcarum.

26. Jan. inter Imp. Turcarum, &
Rempublicam Venetam, Car-
lovicii.

1710 1. April. inter Czarum Moſcoviæ, & Imp. Turcarum,
Conſtantinopoli.

1711 12. Jul. inter eaſdem Poten-
tias.

1713 11. Apr. inter Angliam, &
Galliam, Ultrajecti.

11. Apr. inter Galliam, & Pruſ-
ſiam, Ultrajecti.

13. Jul. inter Angliam, & Hiſpaniam.

1714 6. Mart. inter Imp. & Regem
Galliæ, Raſtadtii.

26. Jun. inter Hiſpaniam, & Status Generales, Ultrajecti.

7. Sept. inter Imperium, & Galliam, Badenæ Helvetorum.

1715 6. Febr. inter Hiſpaniam, &
& Luſitaniam, Ultrajecti.

1718 21. Jul. inter Imp. Carol. VI.
& Portam Ottmanicam, Paſ-
ſarovicii.

 21.

21. Jul. inter Portam Ottmanicam, & Rempublicam Vene-
tam, Paſſarovicii.

3. Aug. Londini (nomine qua-
druplicis Alliantiæ) inter
Carol. VI. Imperatorem, Ludov. XV. Galliæ, Georg.
I. Angliæ, & Hollandos, vi
cujus Imperator Philippo V.
ceſſit Hiſpaniam, Infanti Carolo (Feudi Imperialis nomine) Hetruriam, & Pla-
centiam cum 6000. Helve-
torum præſidio : Sabaudiæ
Duci, Siciliæ loco, Sardi-
niam. Philippus V. autem
Imperatori Belgium, Inſu-
briam, & utramque Siciliam.

1719 29. Aug. Holmiæ inter Georgium I. Angliæ, & Ulricam
Suec. Summam pecuniæ pro
Brema, & Verda, uti & au-
xiliares copias contra Regni
hoſtes ſibi pactam.

1720 1. Jan. Holmiæ, inter Ulricam Sueciæ, & Fridericum
II. Pruſſiæ, hinc Wolliniam,
&

& Ufedom Infulas cum Stet-
tino, ejusque inter Oderam,
& Penam diftrictu : illinc
fœdus, & amicitiam mutuam
2. millionibus Imperialium
pactos.

3. Jul. Friderichsburgi inter
Fridericum IV. Daniæ , &
Ulicram Sueciæ, hinc fœ-
dus mutuum , Wifmariæ ,
Stralfundæ, & Rugiæ contra
600000. Imperial. folvendo-
rum reftitutionem : illinc
Telonii in Sunda exactionem
exemptione priori abolita,
pactos.

1721 10. Sept. Nyftadii inter Petrum I. Mofcoviæ, & Ulri-
cam Sueciæ, hinc in Sueciæ
fucceffionis negotium fe non
immifcendi, una cum 2. millionibus Imperial. promiffum:
illinc Livoniam cum Oefelia
&c. Ingriamque totam, Ca-
reliam vero ac Finniam ufque ad Kexholmium , me-
diam pactos.

1724.

1724 22. Feb. Holmiæ inter Petrum I. Moſcov. & Ulric. Suec. fœdus mutuo defenſivum complectens.

1725 30. Apr. Laxemburgi inter Carolum VI. Imp. & Philippum V. Hiſpaniæ, hinc Hiſpaniam a Gallia perpetuo ſeparabilem : illinc Summæ pecuniariæ reſtantiam cum Belgio, Inſubria, & utraque Sicilia : utrinque Titulorum vita durante immutationem pactos.

3. Sept. Hannoveræ annor. 15. inter Ludov. XV. Galliæ, Georgium I. Angliæ, & Fridericum II. Pruſſiæ fœdus defenſivum mutuum cum præſtatione auxiliarium 8000. peditum, & 4000. equitum ex parte Galliæ, & Angliæ, 3000. vero peditum, & 2000. equitum ex parte Pruſſiæ, vel & menſtruatim 10000. fl. pro 1000. peditum,

&

& 30000. fl. pro 1000. equitum continens.

1726 17. Apr. Viennæ inter Carolum VI. Imp. Catharinam
Moscoviæ, & Ulricam Sue-
ciæ fœdus invicem defensi-
vum cum 12000. peditum, &
4000. equitum subsidio continens.

1727 1. Jun. Parisiis inter Carolum
VI. Imperatorem, Georgium
I. Angliæ, & Ludov. XV.
Galliæ, vi cujus Imperator
Septennalem navium Ostend.
in Indias missionis abstinen-
tiam, & solvendæ per Hispanos Gibraltarii obsidionis
procurationem spopondit.

1729 9. Nov. Seviliæ inter Ludov.
XV. Galliæ, Philip. V. Hispaniæ, & Georg. I. Angliæ,
& Hollandos accessores, vi
cujus Philip. V. omnem commercii maritimi, quam Aulæ
Viennensi post 1725. con-
cesserat, revocare debuit,
singulis de cætero mutuam
Sta-

Statuum defensionem cum 8000. peditum , & 4000. equitum præstationem pollicentibus.

1731 16. Mart. Viennæ inter Carolum VI. Imp. Georg. II. Angliæ, & Hollandos, vi cujus singuli singulis propriorum Statuum , non tamen contra Turcas defensionem : Imperator Infanti Carolo, Hetruriæ, & Placentiæ hæredi, 6000. Hispan. præsidium : Hollandis privativam quoad se in Indias navigationem spopondit: Pragmaticæ econtra quoad familiæ suæ in primogenitura, primo masculina, tum etiam fœminili successionem de d. 19. Apr. 1713. Sanctionis manutentionem prætendit.

22. Jul. Viennæ inter Carolum VI. Imp. Georgium II. Angliæ, & Philippum V. Hisp. prioris confirmativa, cum onere insuper juratorio , ne
dicta

dicta militia actualis Poſſeſ-
ſoris Jurisdictionem turba-
ret.

1732 21. Jan. in Gulau zu Räiſch,
inter Sophi Perſiæ , & An-
nam Moſcoviæ: Schirvaniæ,
liberique in Perſiam ſine telonii ſolutione commercii Aſ-
ſertricem.

30. Apr. Corte Corſicæ , inter
Genuenſes, & Corſos ópe-
ra Ludovici Principis a Wür-
temberg per Imperatorem
Deputati paulo poſt violata.

1734 5. Octob. Holmiæ annorum,
15. inter Ulricam Sueciæ, &
Chriſtianum VI. Daniæ , fœdus defenſivum cum 6000.
peditum, 2000. equitum , &
6. navium (quarum duæ 80.
reliquæ plus quam 50. tor-
mentorum , vel primarum
1000. Equites ; ſecundarum
vero loco , 1000. pedites éſ-
ſent) præſtatione.

1735 3. Octob. Viennæ opera Com.
de Neuwied inter Carol. VI.
Imp.

Imp. & Ludovic. XV. Galliæ,
Sabaudiæ Duci fœderatum ,
hinc Stanislao (poſt vero
obitum ſibi) Ducatum Bar
cum Lotharingia , & Regis
Poloniæ titulo : illinc Augu-
ſto III. Saxoniæ Regnum
Poloniæ ; Regi Sardiniæ Feudi Imper. onere, Tortonam ,
Novaram, ac Langas ; ſibi
vero Philipsburgi &c. reſti-
tutionem cum Pragmaticæ
Sanctionis de d. 19. Apr.
1713. manutentionem pa-
ctos.

Item inter Carolum VI. Imp.
& Philip. V. Hiſp. , hinc In-
fanti Carolo Utramque cum
Tuſciæ, Præſidiis Siciliam :
illinc Duci Lotharingiæ M.
Ducatum Hetruriæ ; ſibi ve-
ro Inſubriam , & Placentiæ
Ducatum pactos.

1736 4. Jul. Erzerum Armeniæ ,
inter Schach Nadir (olim
Kulikan) & Mahometem IV,
hinc Babylonis retentionem;
illinc

illinc liberum absque telonii
solutione Meccam versus iter
suique in Solio Persico agni-
tionem pactos.

1738 18. Novemb. inter Imp. Carolum VI. Ludov. XV. Re-
gem Galliæ, & eorum Con-
foederatos, Viennæ.

1739 18. Sept. Belgradi inter Imperatricem Russiæ, & Tur-
cam.

1742 28. Julii Wratislaviæ inter
Reginam Ungariæ & Bohe-
miæ, & Regem Prussiæ.

1743 27. Junii in Finlandia inter
Moscos & Suecos

1745 22. April In Füessen in Germa-
nia inter Reginam Ungariæ
& Bohemiæ, & Electorem
Bavariæ.

25. Decembris Dresdæ inter Imperatricem Reginam, Regem
Poloniæ, & Regem Prussiæ.

1748 20. Novemb. inter Imperatricem Mariam Theresiam, Lu-
dovicum XV. & eorum Con-
foederatos, Aquisgrani.

283

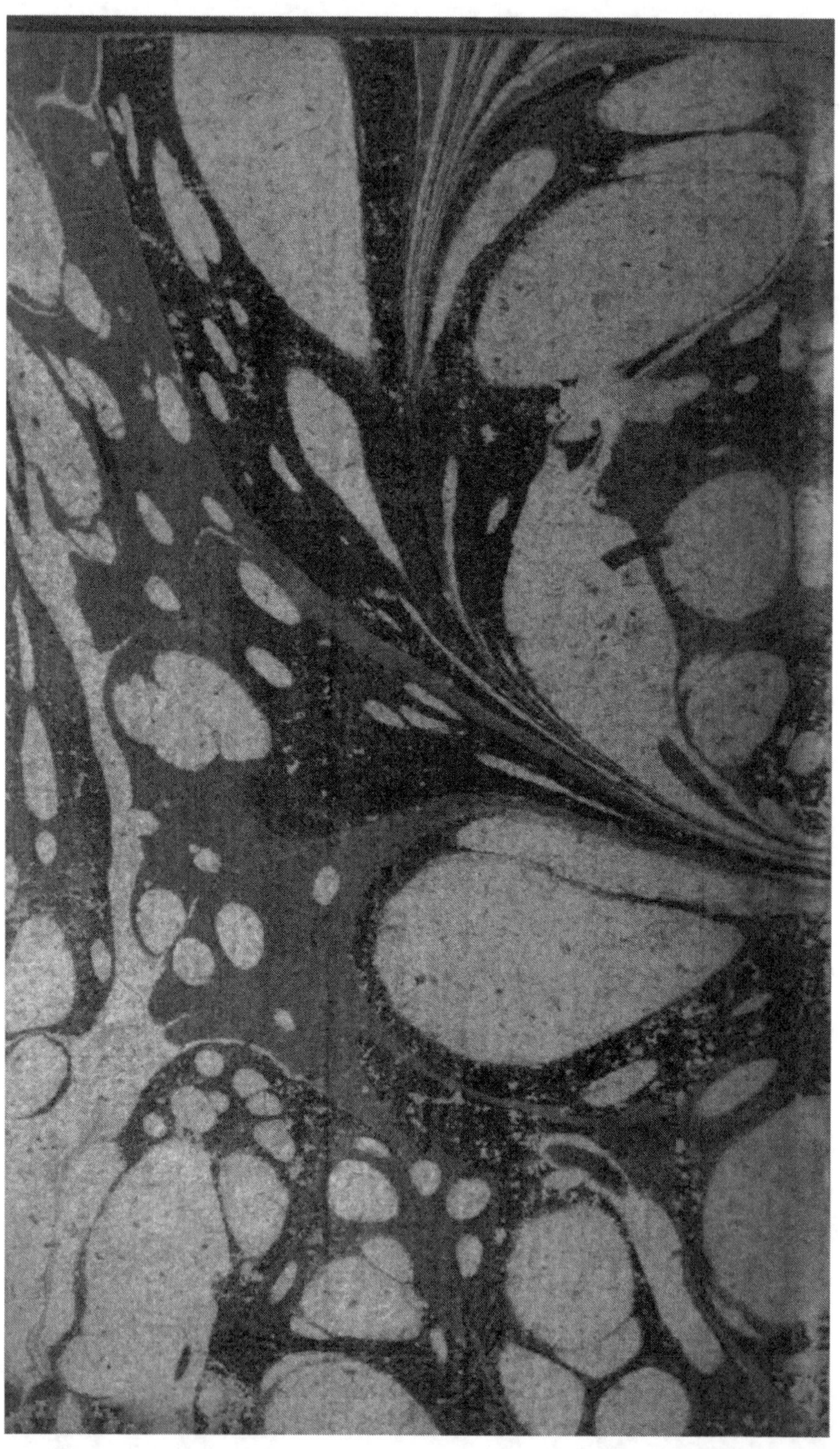

www.ingramcontent.com/pod-product-compliance
Lightning Source LLC
LaVergne TN
LVHW011347180726
843640LV00005B/1180